中国人民政治协商会议第十四届全国委员会第一次会议文件汇编

中国人民政治协商会议全国委员会办公厅编

人民出版社

目　录

附 录 一

附 录 二

附 录 三

中国人民政治协商会议
第十四届全国委员会
第一次会议政治决议

（2023 年 3 月 11 日政协第十四届
全国委员会第一次会议通过）

中国人民政治协商会议第十四届全国委员会第一次会议，于 2023 年 3 月 4 日至 11 日在北京举行。

中共中央总书记、国家主席、中央军委主席习近平等党和国家领导同志出席会议，与委员共商国是。会议坚持以习近平新时代中国特色社会主义思想为指导，全面贯彻中共二十大精神，认真学习习近平总书记参加民建、工商联界委员联组会时的重要讲话精神，积极履职尽责，务实协商议政，顺利完成各项议程，取得重要成果。会议审议批准汪洋同志代表政协第十三届全国委员会常务委员会所作工作报告，审议批准邵鸿同志所作提案工作情况报告，审议通过中国人民政治协商会议章程修正案，选举产生政协第十四届全国委员会主席、副主席、秘书长和常务委员。委员们列席第十四届全国人民代表大会第一次会议，听取并讨论李克强同志所作政府工作报告，听取并讨论最高人民法院工作报告、最高人民检察院工作报告，讨论国务院机构改革方案及其他有关报告等，表示赞同并提出意见建议。

会议强调，过去五年和新时代以来的十年，在党和国家发展进程中极不寻常、极不平凡。以习近平同志为核心的中共中央统筹中华民族伟大复兴战略全局和世界百年未有之大变局，全面贯彻党的基本理论、基本路线、基本方略，统揽伟大斗争、伟大工程、伟大事业、伟大梦想，以伟大的历史主动精神、巨大的政治勇气、强烈的责任担当，团结带领全党全国各族人民采取一系列战略性举措，推进一系列变革性实践，实现一系列突破性进展，取得一系列标志性成果，攻克了许多长期没有解决的难题，办成了许多事关长远的大事要事，经受住了来自政治、经济、意识形态、自然界等方面的风险挑战考验，完成脱贫攻坚、全面建成小康社会的历史任务，实现第一个百年奋斗目标，创造了新时代中国特色社会主义的伟大成就，推动我国迈上全面建设社会主义现代化国家新征程，实现中华民族伟大复兴进入了不可逆转的历史进程。新时代党和国家事业取得历史性成就、发生历史性变革，根本在于确立了习近平同志党中央的核心、全党的核心地位，确立了习近平新时代中国特色社会主义思想的指导地位。人民政协要深刻领悟“两个确立”的决定性意义，增强“四个意识”、坚定“四个自信”、做到“两个维护”，始终在思想上政治上行动上同以习近平同志为核心的中共中央保持高度一致。

会议强调，习近平新时代中国特色社会主义思想，坚持把马克思主义基本原理同中国具体实际相结合、同中华优秀传统文化相结合，科学回答了新时代坚持和发展什么样的中国特色社会主义、怎样坚持和发展中国特色社会主义，建设什么样的社会主义现代化强国、怎样建设社会主义现代化强国，建设什么样的长期执政的马克思主义政党、怎样建设长期执政的马克思主义政党等重大时代课题，是当代中国马克思主义、二十一世纪马克思主义，是中华文化和中国精神的时代精华，是党和国家必须长期坚持的指导思想。人民政协要深刻理解习近平新时代中国特色社会主义思想的核心要义、精神实质、丰富内涵、实践要求，把握好这一重要思想的世界观和方法论，坚持好、运用好贯穿其中的立场观点方法，不断夯实团结奋斗的共同思想政治基础。

会议强调，中共二十大擘画的全面建设社会主义现代化国家、以中国式现代化全面推进中华民族伟大复兴的宏伟蓝图，振奋人心，催人奋进。中国式现代化是中国共产党领导全国各族人民在长期探索和实践中历经千辛万苦、付出巨大代价取得的重大成果，必须倍加珍惜、始终坚持、不断拓展和深化。面对国际国内环境发生的深刻复杂变化，必须做到沉着冷静、保持定力，稳中求进、积极作为，团结一致、敢于斗争。人民政协要深刻理解中国式现代化的中国特色、本质要求和重大原则，正确把握推进中国式现代化的若干重大关系，围绕中心任务，紧扣统筹推进“五位一体”总体布局、协调推进“四个全面”战略布局等方面的重要问题，深入调查研究，有效协商议政，开展民主监督，为推进中国式现代化积极献计献策。要坚持大团结大联合，坚持一致性和多样性统一，广泛凝聚共识、凝聚人心、凝聚智慧、凝聚力量，汇聚同心共圆中国梦的强大正能量。要聚焦贯彻落实中共中央关于做好今年经济社会发展各项工作的决策部署，广集众智，广谋良策，协助党和政府多做宣传政策、解疑释惑、稳定预期、提振信心的工作，助推全面建设社会主义现代化国家开好局起好步。

会议指出，习近平总书记参加民建、工商联界委员联组会时的重要讲话，充分肯定民营经济是中国共产党长期执政、团结带领全国人民实现“两个一百年”奋斗目标和中华民族伟大复兴中国梦的重要力量，强调始终坚持“两个毫不动摇”、“三个没有变”，始终把民营企业和民营企业家当作自己人的坚定立场，令人备受鼓舞、倍增信心。我们要按照习近平总书记的要求，引导广大民营企业和民营企业家正确理解中共中央方针政策，践行新发展理念，在爱国敬业、守法经营、创业创新、回报社会中实现民营经济健康发展、高质量发展。

会议认为，过去五年，十三届全国政协坚持中国共产党的全面领导，坚决贯彻落实中共中央决策部署，牢牢把握团结和民主两大主题，坚持发扬民主和增进团结相互贯通、建言资政和凝聚共识双向发力，紧紧围绕党和国家中心任务发挥专门协商机构作用，推动人民政协事业在继承中发展、在发展中创新，展现出新气象新面貌，为党和国家事业发展作出重要贡献。

会议强调，立足新时代新征程，十四届全国政协要深入学习贯彻习近平总书记关于加强和改进人民政协工作的重要思想，认真落实中共二十大关于发展全过程人民民主的部署要求，坚持和完善中国共产党领导的多党合作和政治协商制度，准确把握人民政协性质、地位、职能、作用，依照宪法法律和政协章程认真履职，坚定不移走中国特色社会主义政治发展道路。要坚持党的领导、统一战线、协商民主有机结合，加强制度化、规范化、程序化等功能建设，提高深度协商互动、意见充分表达、广泛凝聚共识水平，在推进协商民主广泛多层制度化发展中深化专门协商机构建设。要发挥我国新型政党制度优势，铸牢中华民族共同体意识，坚持我国宗教中国化方向，加强同党外知识分子、非公有制经济人士、新的社会阶层人士联系，坚持和完善“一国两制”、推进祖国统一，促进政党关系、民族关系、宗教关系、阶层关系、海内外同胞关系和谐。要加强对外友好交往，推动构建人类命运共同体。广大委员要认真学习、自觉遵守政协章程，锤炼道德品行，积极担当作为，坚持求真务实，提高政治把握能力、调查研究能力、联系群众能力、合作共事能力，力戒形式主义、官僚主义，努力做出不负时代、不负人民的业绩。

会议号召，人民政协各参加单位、各级组织和广大委员，更加紧密地团结在以习近平同志为核心的中共中央周围，全面贯彻习近平新时代中国特色社会主义思想，坚定信心、同心同德，埋头苦干、奋勇前进，为全面建设社会主义现代化国家、全面推进中华民族伟大复兴而团结奋斗！

在中国人民政治协商会议第十四届全国委员会第一次会议闭幕会上的讲话

（2023 年 3 月 11 日）

王　沪　宁

各位委员，同志们：

中国人民政治协商会议第十四届全国委员会第一次会议，经过全体委员共同努力，圆满完成各项议程，就要胜利闭幕了。中共中央高度重视这次会议，中共中央总书记、国家主席、中央军委主席习近平等党和国家领导同志出席大会开幕会和闭幕会，看望委员并参加联组讨论，同委员们共商国是。全体委员高度评价中共十八大以来党和国家事业发展取得的历史性成就、发生的历史性变革，深刻领悟“两个确立”的决定性意义，对以中国式现代化全面推进中华民族伟大复兴光明前景充满必胜信心。委员们认真学习习近平总书记参加民建、工商联界委员联组会时的重要讲话，深入讨论政府工作报告和其他报告，认真审议政协常委会工作报告、政协章程修正案草案等文件，取得丰硕议政成果。这是一次高举旗帜、民主团结、求实奋进、风清气正的大会,充分彰显了我国全过程人民民主的特点优势和生机活力。

感谢委员们的信任,选举我们组成政协第十四届全国委员会常务委员会。十四届全国政协将在历届全国政协打下的良好基础上开展工作。

过去五年,在以习近平同志为核心的中共中央坚强领导下,在汪洋同志主持和带领下,十三届全国政协牢牢把握团结和民主两大主题,紧紧围绕党和国家中心任务履职尽责,充分发挥人民政协作为专门协商机构作用,推动人民政协事业在继承中发展、在发展中创新,为党和国家事业发展作出了重要贡献。让我们向汪洋同志和十三届全国政协全体委员致以崇高的敬意!

各位委员,同志们!中共二十大擘画了全面建成社会主义现代化强国、以中国式现代化全面推进中华民族伟大复兴的宏伟蓝图,吹响了奋进新征程的时代号角。在新征程上,人民政协使命光荣、责任重大。我们要以习近平新时代中国特色社会主义思想为指导,深入学习贯彻中共二十大精神,毫不动摇坚持中国共产党的全面领导,深刻领悟"两个确立"的决定性意义,增强"四个意识"、坚定"四个自信"、做到"两个维护",坚持和完善中国共产党领导的多党合作和政治协商制度,坚持党的领导、统一战线、协商民主有机结合,紧扣中心大局认真履行职能、积极担当作为,更好把中共中央决策部署和对人民政协工作要求落实下去、把海内外中华儿女智慧和力量凝聚起来，为实现中共二十大确定的目标任务作出积极贡献。

——我们要深入学习贯彻习近平新时代中国特色社会主义思想，确保人民政协事业发展的正确政治方向。习近平新时代中国特色社会主义思想是马克思主义中国化时代化的重大理论创新成果，是党和国家必须长期坚持的指导思想。人民政协要把习近平新时代中国特色社会主义思想作为统揽政协工作的总纲，按照中共中央统一部署，结合政协工作实际深入开展主题教育，着力在学懂弄通做实上下功夫，深刻把握这一重要思想的世界观和方法论，坚持好、运用好贯穿其中的立场观点方法，夯实团结奋斗的共同思想根基。要深刻认识坚持中国共产党领导是人民政协事业发展进步的根本保证，引导各党派团体和各族各界人士不忘合作初心、继续携手前进，确保在政治立场、政治方向、政治原则、政治道路上同以习近平同志为核心的中共中央保持高度一致。要深入学习贯彻习近平总书记关于加强和改进人民政协工作的重要思想，切实落实中央政协工作会议精神，准确把握人民政协性质、地位、职能、作用，依照宪法法律和政协章程认真履职，坚定不移走中国特色社会主义政治发展道路。

——我们要自觉围绕中心服务大局，为推动中共二十大决策部署贯彻落实协商建言。习近平总书记强调，人民政协要聚焦党和国家中心任务履职尽责。人民政协要胸怀大局、把握大势、着眼大事，把实现中共二十大确定的目标任务作为履职着力重点，紧扣统筹推进“五位一体”总体布局、协调推进“四个全面”战略布局重大问题，紧贴人民群众美好生活期待和现实关切，坚持问题导向，扎实调查研究，深度协商议政，把握协商式监督特点开展民主监督，把中共中央批准的年度协商计划落实好，更好服务科学民主决策、促进决策贯彻实施，推动高质量发展。要提高协商质量，加强制度化、规范化、程序化等功能建设，不断丰富社会主义协商民主实践、推动发展全过程人民民主。

——我们要始终坚持大团结大联合，汇聚实现中华民族伟大复兴的磅礴力量。习近平总书记指出，团结就是力量，团结才能胜利；强调实现中华民族伟大复兴的梦想，需要海内外中华儿女共同奋斗。我国正处在实现中华民族伟大复兴的关键时期，世界百年未有之大变局加速演进，更加需要凝聚共识、加强团结。讲团结、重团结是人民政协的优良传统和政治责任。要把加强思想政治引领、广泛凝聚共识作为履职工作的中心环节，贯穿到开展政治协商、民主监督、参政议政全过程，在坦诚深入的协商中增进认同、加强团结、深化合作。要广泛联系和动员各界群众，协助党和政府做好宣传政策、协调关系、理顺情绪、化解矛盾、坚定信心的工作，汇聚正能量、提振精气神。要更好联系服务各党派团体和各族各界人士，做到政治上关心、思想上交心、感情上知心，形成同心共圆中国梦的强大合力。

各位委员，同志们！习近平总书记强调，政协委员作为各党派团体和各族各界代表人士，由各方面郑重协商产生，代表各界群众参与国是、履行职责，这是荣誉，更是责任，并对政协委员提出了“懂政协、会协商、善议政，守纪律、讲规矩、重品行”的重要要求。我们要牢记习近平总书记的谆谆教诲，坚定理想信念、坚守初心使命，把事业放在心上，把责任扛在肩上，以更加奋发有为的精神状态为国履职、为民尽责。要全面增强履职本领，善于学习、勇于创新，不断提高政治把握能力、调查研究能力、联系群众能力、合作共事能力。要发扬斗争精神、增强斗争本领，在大是大非上立场坚定、旗帜鲜明，在原则问题上敢于发声、善于发声，做到平常时候看得出、关键时刻起作用。要自觉遵守宪法法律和政协章程，积极践行社会主义核心价值观，严格廉洁自律，涵养道德品行，弘扬优良作风。要为委员履职创造条件、做好服务，发挥广大委员在政协工作中的主体作用。

各位委员，同志们！让我们更加紧密地团结在以习近平同志为核心的中共中央周围，高举中国特色社会主义伟大旗帜，全面贯彻习近平新时代中国特色社会主义思想，同心同德、群策群力，坚定信心、勇毅前行，奋力谱写人民政协事业发展新篇章，为全面建设社会主义现代化国家、全面推进中华民族伟大复兴而团结奋斗！

中国人民政治协商会议
第十四届全国委员会第一次会议
关于常务委员会工作报告的决议

（2023 年 3 月 11 日政协第十四届
全国委员会第一次会议通过）

中国人民政治协商会议第十四届全国委员会第一次会议，批准汪洋同志代表政协第十三届全国委员会常务委员会所作的工作报告。

中国人民政治协商会议
全国委员会常务委员会工作报告

——在政协第十四届全国委员会第一次会议上

（2023 年 3 月 4 日）

汪　　洋

各位委员：

我代表中国人民政治协商会议第十三届全国委员会常务委员会，向大会报告过去五年工作，提出今后工作建议，请予审议。

一、过去五年工作的回顾

中共十九大以来的五年，是极不平凡的五年。以习近平同志为核心的中共中央统筹中华民族伟大复兴战略全局和世界百年未有之大变局，团结带领全党全军全国各族人民有效应对严峻复杂的国际形势和各种风险挑战，如期全面建成小康社会，胜利实现第一个百年奋斗目标，党和国家事业取得举世瞩目的重大成就，实现中华民族伟大复兴进入不可逆转的历史进程。

五年来，以习近平同志为核心的中共中央全面加强对人民政协工作的领导，首次召开中央政协工作会议，制定《中共中央关于新时代加强和改进人民政协工作的意见》，为人民政协事业发展提供根本政治保证。政协全国委员会及其常务委员会坚持以习近平新时代中国特色社会主义思想为指导，深入学习贯彻中共十九大和二十大精神，准确把握政协性质定位，紧紧围绕中心服务大局，务实有效深化专门协商机构建设，凝心聚力共襄民族复兴历史伟业，与时俱进推进人民政协实践创新、理论创新、制度创新，人民政协事业展现新气象新面貌，为党和国家事业发展作出新贡献。

2022 年是党和国家发展史上极为重要的一年。常委会坚持把迎接中共二十大、学习宣传贯彻中共二十大精神作为贯穿全年的重大政治任务，认真做好思想引导、汇聚力量、议政建言、服务大局各项工作，围绕中共十八大以来党和国家事业取得的历史性成就、发生的历史性变革精心组织“奋进新时代，百名委员说”等活动，围绕落实“十四五”规划重点任务举办重要协商活动 17 次，组织视察考察调研 75 项，召开重点关切问题情况通报会 11 场，举办重大专项工作委员宣讲 11 场，为保持平稳健康的经济环境、国泰民安的社会环境、风清气正的政治环境作出积极努力。深入学习贯彻中共二十大精神，引导参加人民政协的各党派团体和各族各界人士，自觉把拥护“两个确立”、做到“两个维护”落实到具体行动上、体现到全部工作中。

五年来，主要做了以下工作：

（一）**深入学习贯彻习近平新时代中国特色社会主义思想，落实中国共产党对政协工作的全面领导**。深刻把握政协是中国共产党领导的多党合作和政治协商重要机构的政治属性，以学习党的创新理论强基固本加强思想政治引领，以加强政协党的建设开局起步并贯穿工作始终。完善以政协党组理论学习中心组学习为引领的学习制度体系，成立 11 个习近平新时代中国特色社会主义思想学习座谈小组、开展学习研讨 179 次，深入开展“不忘初心、牢记使命”主题教育、以中共党史为重点的“四史”教育等，结合实际学习统一战线史和人民政协史，引导广大政协委员不断增进对中国共产党和中国特色社会主义的政治认同、思想认同、理论认同、情感认同，夯实共同思想政治基础。集中开展习近平总书记关于加强和改进人民政协工作的重要思想专题学习研讨活动，持续深入学习贯彻中央政协工作会议精神，并在去年开展了贯彻落实进展情况“回头看”，持续深化对政协工作的规律性认识。认真贯彻《关于加强新时代人民政协党的建设工作的若干意见》，首次召开政协党的建设工作座谈会，制定完善落实党对人民政协工作全面领导的制度、中共中央重大决策部署和习近平总书记重要指示批示贯彻落实的督查机制等，建立每年一次的中共党员常委会议制度、专门委员会分党组向全国政协党组报告工作制度，完善专门委员会分党组工作规则，建立党员常委履职点评制度，实现政协党的组织对党员委员全覆盖、政协党的工作对政协委员全覆盖等，落实中央八项规定及其实施细则精神，形成以党建强政治、带队伍、促履职、增团结的良好局面。

（二）**聚焦党和国家中心任务履职尽责，为实现"两个一百年"奋斗目标贡献智慧和力量**。坚持稳中求进工作总基调，完整、准确、全面贯彻新发展理念，聚焦推动高质量发展调研议政。协商议题既有构建新发展格局、发展实体经济、促进重大原始创新、新能源汽车产业健康发展、保障国家粮食安全、推进污染防治攻坚战、建设更高水平的平安中国、办好人民满意的教育、大运河文化带建设、推进境外经贸合作区建设等事关经济社会发展的重大问题，也有应对人口老龄化、农村基本公共文化服务、外卖食品安全监管、法律法规制定修订等涉及人民群众切身利益的实际问题，做到科学选题、深入调研、精准建言。紧紧围绕"十四五"规划制定和实施献计出力，规划编制过程中组织开展常委会会议、视频调研会、形势分析会等35次议政活动，中共十九届五中全会后及时召开常委会会议专题学习"十四五"规划建议，围绕贯彻落实继续提出意见和建议。瞄准决战决胜脱贫攻坚建言献策，围绕巩固拓展脱贫攻坚成果同乡村振兴有效衔接、促进乡村医疗卫生健康等，持续开展视察调研71次。紧扣统筹疫情防控和经济社会发展认真履职尽责，围绕完善重大疫情防控机制、健全公共卫生服务体系和应急管理体系等，依托委员履职平台开展全体委员参加的专项问卷调查，发挥协商座谈、提案办理、反映社情民意信息等作用，报送情况反映、意见建议3500多条，为中共中央科学决策和推进决策落实提供参考。

（三）**提升政协协商质量，更好发挥人民政协作为专门协商机构作用**。着力在丰富协商形式、优化协商程序、提高协商能力上下功夫，完善以全体会议为龙头、专题议政性常委会会议和专题协商会为重点、各类协商座谈会为常态的协商议政格局。五年来举办重要政治协商活动105场，经常性开展提案办理协商、界别协商、对口协商等，充分发挥人民政协在国家治理体系中的作用。拓展协商深度，创设专家协商会，建立参政议政人才库，组织跨界别跨领域专家委员围绕共同富裕、基础教育、农业农村现代化等开展小范围多轮次协商74场。以协商效果为导向，深入推进委员自主调研，探索开展协商议政质量评价，完善协商成果报送反馈和转化运用机制。把握协商式监督定位，将重点监督性议题纳入年度协商计划，报经中共中央批准，聚焦“十四五”规划实施开展专题民主监督，紧扣退役军人保障政策、黑土地保护等10个议题接续跟踪监督，助推党和国家决策部署落实。健全完善专门协商机构工作制度机制，制定修订全国政协协商工作规则、加强和促进人民政协凝聚共识工作的意见、强化委员责任担当的意见等制度文件，构建起以宪法和政策文件为依据、以政协章程为基础、以协商制度为主干的制度体系，推动履职工作衔接更紧密、运行更顺畅、成效更明显。注重协商文化建设，积极营造既畅所欲言、各抒己见，又理性有度、合法依章的良好协商氛围。贯彻落实加强和改进新时代市县政协工作的意见，推动市县政协履职工作更好服务基层治理。

（四）**广泛开展凝聚共识工作，为党领导人民治国理政厚植政治基础、社会基础**。深刻把握新时代政协工作任务要求和特点规律，着力把凝聚共识工作做深做实，找到最大公约数，画出最大同心圆。紧扣重要时间节点加强思想政治工作，围绕庆祝新中国成立 70 周年、中国共产党百年华诞等重大活动，通过面向党员委员的专题党课、倡议书等，带动全体委员团结奋进。拓展凝聚共识工作渠道，全国政协党组建立党组成员及专门委员会分党组领导同党外委员谈心谈话制度，邀请委员谈话 3994 人次，以心交心、凝聚人心；围绕“学习百年党史增进‘四个认同’”等主题组织覆盖 34 个界别的专题视察，制作播出赓续共产党人精神血脉、讲好多党合作故事等委员讲堂 46 期，组织学习贯彻《中国共产党统一战线工作条例》等重大专项工作委员宣讲 68 场，实现委员自我教育、协商交流和引领界别群众相促进。创新开展委员读书活动，建成委员读书智能平台、全国政协书院等线上线下学习载体，先后开设中共党史、学习贯彻习近平生态文明思想、中华文明溯源等 147 个主题读书群，委员参与率达 98%，产生读书交流与协商议政相结合、提升本领与凝聚共识相统一的综合效应。鼓励委员深入界别群众宣传政策、解疑释惑、凝心聚力，当好党的政策宣传员、界别群众贴心人。

（五）**充分发挥作为最广泛的爱国统一战线组织作用，汇聚海内外中华儿女共同致力民族复兴的强大力量**。适应新时代统一战线形势任务，坚持大团结大联合，落实中央统战工作会议精神，促进政党关系、民族关系、宗教关系、阶层关系、海内外同胞关系和谐。举办辛亥革命110周年纪念大会，广泛汇聚推进祖国完全统一、同心共圆中国梦的信心力量。建立各党派参加政协工作共同性事务的情况交流机制，各民主党派以本党派名义提交提案1675件、大会发言502篇，与专门委员会共同举办各类协商活动40次，支持无党派人士界委员在政协履职。邀请党外知识分子、非公有制经济人士、新的社会阶层人士等参加政协相关活动。围绕铸牢中华民族共同体意识、坚持我国宗教中国化方向等深入视察调研，开展少数民族界和宗教界委员专题学习考察、界别主题协商。围绕提升爱国爱港爱澳力量能力建设、推进粤港澳大湾区建设等务实建言，鼓励港区委员就推动香港国安法制定实施、支持全国人大完善香港特别行政区选举制度等持续发声、主动作为。参与举办纪念台湾光复75周年主题展和海峡论坛·两岸基层治理论坛等，加强与台湾岛内有关党派团体、人士联系。邀请海外侨胞代表列席政协全体会议，围绕海外侨胞参与“一带一路”建设等开展协商。

按照国家外交工作总体部署，加强同各国人民、政治组织、媒体智库等友好往来，广泛宣介习近平新时代中国特色社会主义思想，宣传中国共产党治国理政成就、全过程人民民主、人民政协制度等，增进国际社会对中国发展道路、发展模式、治国理念的理解和认同。创新拓展对外交往平台、渠道和领域，设立中非友好小组，创办外国驻华使节、留学生等“进政协”系列活动，举办社会主义国家统一战线组织专题研讨会等，支持中国经济社会理事会、中国宗教界和平委员会加强国际交流。发扬斗争精神，针对美欧炮制涉台涉港涉疆法案和佩洛西窜台等发表严正声明，坚定捍卫国家主权、安全、发展利益。

（六）**推进工作创新，提升履职水平和实效**。坚持弘扬传统和勇于创新相结合，以经常性工作的加强带动整体履职水平提升。高度重视运用网络信息技术赋能政协履职，开展网络议政、远程协商、视频调研，创建委员履职平台，先后开设主题议政群 144 个、发言 9.1 万余人次，网上提案提交率 92.2%，拓展了委员参与、提升了履职效率。着力提高提案质量和提案办理质量，完善提案办理协商、重点提案督办制度，评选表彰人民政协 70 年 100 件有影响力重要提案，五年来共收到提案 29323 件，立案 23818 件，办复率 99.8%。畅通反映社情民意、服务党政决策、联系界别群众的渠道，编报各类信息 9000 余期。召开全国政协文史工作座谈会，制定加强和改进新时代文史资料工作的意见，编纂出版政协文史“亲历、亲见、亲闻”文库等。制定实施加强和改进人民政协理论研究工作的意见，支持中国人民政协理论研究会围绕政协工作重大理论和实践问题深化研究。召开地方政协工作经验交流会，加强对地方政协工作指导。

召开全国政协宣传思想工作座谈会,加强政协相关意识形态阵地建设和管理。

（七）**加强自身建设,不断夯实工作基础**。适应新时代人民政协事业发展新要求,着力强化政协委员主体作用、专门委员会基础作用、机关服务保障作用,并有机统一于专门协商机构建设之中。着眼增强政治能力、强化责任担当、提升履职水平,分层分类举办委员学习研讨班,组织委员参加各种形势报告会、辅导讲座,编写适应新时代委员队伍建设要求的教材;建立主席会议成员到地方视察考察调研时走访看望住当地全国政协委员机制,分批次邀请委员 716 人次列席常委会会议;探索建立委员履职评价体系,完善委员履职档案、履职情况统计、常委提交履职报告等制度,设立全国政协委员优秀履职奖,先后 3 次表彰获奖委员 60 人、提名奖 28 人,委员队伍面貌焕然一新。召开全国政协专门委员会工作会议,制定修订专门委员会通则等制度文件,落实协商议政质量评价体系和工作办法,推动专门委员会更好成为政协履行职能的重要载体、联系服务委员的桥梁纽带。切实加强模范机关建设,着力提升服务保障能力,落实疫情防控和改进会风文风要求,创新组织方式,政协全体会议、常委会会议等更加紧凑高效,支持派驻政协机关纪检监察组履行监督责任,机关干部展现出好作风、新风貌。

各位委员,五年来的工作成绩,是以习近平同志为核心的中共中央坚强领导的结果,是各方面大力支持和人民政协各参加单位、各级政协组织共同奋斗的结果,是广大政协委员认真履职、努力奉献的结果。我代表十三届全国政协常委会表示衷心的感谢！

同时也要清醒看到，工作中还有一些需要加强和改进的地方：履行职能制度化、规范化、程序化建设需要进一步深化，深度协商互动、意见充分表达有待进一步加强，政协协商效能和水平还需进一步提升，凝聚共识、民主监督、联系界别群众的制度机制等需要进一步完善，等等。建议在今后工作中认真研究改进。

二、五年工作的主要体会

十三届全国政协认真学习贯彻习近平总书记关于加强和改进人民政协工作的重要思想，在实践中进一步深化了对政协工作的规律性认识。

（一）**必须毫不动摇坚持中国共产党的全面领导**。这是人民政协必须始终恪守的根本政治原则，也是参加人民政协的各党派团体和各族各界人士始终坚守的最大政治共识。70多年的实践证明，党的领导越是坚强有力，人民政协事业就越能蓬勃发展，政协制度优势就越能充分彰显。坚持党的领导必须体现到坚决贯彻落实中共中央决策部署的实际行动上，体现到工作谋划、职能履行、自身建设全过程各方面。要深刻领悟“两个确立”的决定性意义，增强“四个意识”、坚定“四个自信”、做到“两个维护”，不断完善党对政协工作领导的组织体系、制度机制，使人民政协更好成为坚持和加强党对各项工作领导的重要阵地、用党的创新理论团结教育引导各族各界代表人士的重要平台、在共同思想政治基础上化解矛盾和凝聚共识的重要渠道，确保党对人民政协的全面领导。

（二）**必须准确把握人民政协性质定位**。这是人民政协坚持正确政治方向的前提，也是更好发挥自身功能作用的基石。人民政协作为统一战线的组织、多党合作和政治协商的机构、全过程人民民主的重要实现形式，是社会主义协商民主的重要渠道和专门协商机构。协商是人民政协制度的鲜明特色和优势所在，也是人民政协工作的重要理念和基本方式，促进广泛团结、推进多党合作、实践人民民主都需要通过协商来实现。专门协商机构综合承载政协性质定位，是新时代赋予人民政协职能定位的新内涵。政协不是协商主体，而是发扬民主、参与国是、团结合作的制度化协商平台。要通过协商制度的有效运行，把各党派团体和各族各界人士的意见建议转化为政策选项，把党的主张转化为社会各界的广泛共识，真正把人民政协制度优势转化为国家治理效能。

（三）**必须聚焦中心工作持续提高协商效能**。这是新时代人民政协更好服务民族复兴伟业的应有之义，也是不断深化专门协商机构建设的长期之功。要不断丰富有事好商量、众人的事情由众人商量的制度化实践，坚持完善协商内容与丰富协商形式一体谋划，聚焦"国之大者"和民之关切科学选择协商议题，合理确定协商形式，努力做到议题选择准、情况调研透、协商内容精、议政质量高。要坚持健全协商规则与培育协商文化同步推进，优化协商流程、创造协商氛围，做到聚同化异善协商、坦诚相见真协商、互动交流深协商。要坚持增强协商本领与提高协商实效相互促进，在广集众智的深度协商中服务科学民主决策，在同心同向的真诚协商中有效增进各方共识，更好彰显专门协商机构的独特优势。

（四）**必须坚持团结和民主两大主题**。这是人民政协性质的集中体现，也是人民政协的特点和优势所在。政治上加强团结，发扬民主才有坚实的基础；发扬广泛的民主，政治上的团结才会更加牢固。人民政协要致力于各党派团体和各族各界人士的大团结，践行建立在共同思想政治基础上、通过协商广泛凝聚共识的真民主。凝聚共识既是巩固团结的前提，也是发扬民主的目标，是联结团结和民主的桥梁纽带。必须把加强思想政治引领、广泛凝聚共识作为履职工作的中心环节，融入到视察考察、调查研究、协商议政等各项活动中，反映到检验政协履职成效的评价标准中。形势越复杂、任务越艰巨，人民政协越要担负起发扬民主和增进团结相互贯通、建言资政和凝聚共识双向发力的责任，多做春风化雨、解疑释惑的工作，多鼓团结奋斗、共促发展的干劲，广泛汇聚同心共圆中国梦的强大合力。

（五）**必须不断强化政协委员责任担当**。这是展现新时代人民政协新样子的必然要求，也是确保政协工作提质增效的必由之路。政协委员既是荣誉更是责任，要牢记习近平总书记关于“懂政协、会协商、善议政，守纪律、讲规矩、重品行”的要求，坚持人民政协为人民，永葆为国履职、为民尽责的情怀，加强自我学习、自我教育、自我管理、自我监督，积极践行社会主义核心价值观，在政协工作中当主角，在本职岗位上作表率，以模范行动展现新时代新征程政协委员的风采。政协组织要坚持加强管理和优化服务结合、表彰激励和纪律约束并重，尊重委员主体地位，保障委员民主权利，为委员更好勤勉履职、担当作为创造良好条件。

三、今后工作的建议

中共二十大擘画了以中国式现代化全面推进中华民族伟大复兴的宏伟蓝图，为党和国家事业发展进一步指明了前进方向。人民政协要全面贯彻习近平新时代中国特色社会主义思想，持续深入贯彻中央政协工作会议精神，认真履行各项职能，践行全过程人民民主，促进中华儿女大团结，为实现中共二十大确定的目标任务作出新的贡献。

（一）**深入学习贯彻中共二十大精神**。把学习宣传贯彻中共二十大精神作为首要政治任务，加强对政协委员特别是新任委员的培训，准确把握中共二十大的鲜明主题、精神实质和战略部署，提高委员政治素养和履职能力，教育引导广大委员始终同以习近平同志为核心的中共中央保持高度一致。认真落实中共二十大关于人民政协工作的部署要求，坚持中国共产党的领导、统一战线、协商民主有机结合，发挥人民政协作为专门协商机构作用，加强制度化、规范化、程序化等功能建设，提高深度协商互动、意见充分表达、广泛凝聚共识水平，切实把中共二十大精神贯彻到工作谋划中、落实到具体行动上。

（二）**围绕服务党和国家工作大局协商议政**。以服务全面建成社会主义现代化强国、实现第二个百年奋斗目标为履职内容，以服务统筹推进“五位一体”总体布局、协调推进“四个全面”战略布局为着力重点，紧扣贯彻新发展理念、构建新发展格局、推动高质量发展的重要问题深入协商谋良策、广聚共识增合力。落实《中国共产党政治协商工作条例》，发挥人民政协政治协商在促进科学民主决策和凝聚共识中的重要作用，围绕全面建设社会主义现代化国家的一系列战略部署协商议政、高质量建言。完善人民政协民主监督制度机制，增强协商式监督实效，彰显政协民主监督在国家监督体系中的作用。

（三）**认真做好凝聚共识增进团结工作**。坚持巩固和发展最广泛的爱国统一战线，坚持一致性和多样性统一，丰富团结联谊平台载体，持续增强凝聚共识实效。健全委员联系界别群众制度机制，鼓励和支持委员深入基层、深入界别群众，及时反映群众意见和建议，宣传党和国家方针政策，协助做好协调关系、理顺情绪、化解矛盾工作，更好把各族各界人士团结在中国共产党周围。加强对外交往，讲好中国故事，增进国际社会对中国式现代化的理解和认同。

各位委员！伟大成就坚定必胜信心，宏伟目标激发奋进力量。让我们更加紧密地团结在以习近平同志为核心的中共中央周围，以习近平新时代中国特色社会主义思想为指导，踔厉奋发、埋头苦干、勇毅前行，为全面建设社会主义现代化国家、全面推进中华民族伟大复兴而不懈奋斗！

中国人民政治协商会议第十四届全国委员会第一次会议关于中国人民政治协商会议章程修正案的决议

（2023年3月11日政协第十四届全国委员会第一次会议通过）

中国人民政治协商会议第十四届全国委员会第一次会议审议并通过政协第十三届全国委员会常务委员会提出的《中国人民政治协商会议章程（修正案）》，决定这一修正案自公布之日起生效。

会议认为，对政协章程进行适当修改，是贯彻中共中央决策部署的实际行动和重要举措。政协章程的修改，坚持以习近平新时代中国特色社会主义思想为指导，坚持中共中央集中统一领导，充分体现中共二十大提出的重要思想、重要观点、重大战略、重大举措，反映自2018年修改政协章程特别是中央政协工作会议以来人民政协事业创新发展的重要成果，对于坚持中国共产党的全面领导，坚持和完善中国共产党领导的多党合作和政治协商制度，把人民政协制度坚持好、把人民政协事业发展好，具有重要意义。

会议认为，人民政协作为中国共产党领导的政治组织和民主形式，必须旗帜鲜明讲政治。会议同意，把中共十九大以来习近平新时代中国特色社会主义思想新发展写入章程，增写坚持中国共产党的全面领导，增强"四个意识"、坚定"四个自信"、做到"两个维护"等内容。充实这些内容，反映了参加人民政协的各党派团体、各族各界人士的共同意愿，对于夯实团结奋斗的共同思想政治基础，坚持中国特色社会主义政治发展道路，把人民政协事业不断推向前进，具有重大意义。会议要求人民政协各级组织和参加人民政协的各党派团体、各族各界人士深刻领悟"两个确立"的决定性意义，全面贯彻习近平新时代中国特色社会主义思想，深入贯彻习近平总书记关于加强和改进人民政协工作的重要思想，共同落实以习近平同志为核心的中共中央对人民政协的领导和对人民政协工作的各项要求。

会议认为，中共二十大提出以中国式现代化全面推进中华民族伟大复兴，并将此确定为新时代新征程中国共产党的中心任务。会议同意，政协章程据此作出相应修改，增写以中国式现代化全面推进中华民族伟大复兴、为实现第二个百年奋斗目标而团结奋斗等内容。充实这些内容，有利于人民政协紧扣"五位一体"总体布局和"四个全面"战略布局履职尽责，为党和国家事业发展广泛凝心聚力。

会议认为，做好人民政协工作，必须准确把握人民政协性质定位，把人民政协制度优势转化为国家治理效能。中共十九大以来，以习近平同志为核心的中共中央进一步加强对人民政协工作的全面领导，就加强和改进人民政协工作提出一系列新要求、作出一系列新部署，为新时代人民政协事业发展提供了根本遵循。会议同意，在政协章程中充实人民政协是我国政治生活中发扬社会主义民主、实践全过程人民民主的重要形式，坚持中国共产党领导、统一战线、协商民主有机结合，坚持围绕中心、服务大局，坚持发扬民主和增进团结相互贯通、建言资政和凝聚共识双向发力，发挥专门协商机构作用，把加强思想政治引领、广泛凝聚共识贯穿履职工作之中等内容。充实这些内容，秉承历史传统、反映时代特征，有利于人民政协在依照宪法法律和政协章程准确定位的基础上，提高政治协商、民主监督、参政议政水平，更好凝聚共识，在践行全过程人民民主、增进大团结大联合、推进国家治理体系和治理能力现代化中发挥积极作用。

会议认为，统一战线是凝聚人心、汇聚力量的强大法宝。会议同意，在政协章程中增写加强海内外中华儿女大团结，坚定不移走中国特色解决民族问题的正确道路，落实“爱国者治港”、“爱国者治澳”原则等内容。这有利于人民政协发挥统一战线组织功能，把握团结奋斗的时代要求，积极促进政党关系、民族关系、宗教关系、阶层关系、海内外同胞关系和谐，更好围绕实现中华民族伟大复兴中国梦一起来想、一起来干。

会议认为,政协委员是人民政协工作的主体。会议同意,在政协章程中丰富委员学习内容,增写坚持为国履职、为民尽责等内容。这有利于加强履职能力建设,落实好"懂政协、会协商、善议政,守纪律、讲规矩、重品行"的要求,进一步强化委员责任担当。

会议要求,人民政协各级组织、各参加单位和广大政协委员,要更加紧密地团结在以习近平同志为核心的中共中央周围,以习近平新时代中国特色社会主义思想为指导,深入学习贯彻中共二十大精神,深刻领悟"两个确立"的决定性意义,增强"四个意识"、坚定"四个自信"、做到"两个维护",自觉学习章程、遵守章程、贯彻章程、维护章程,有效履行职责,为全面建设社会主义现代化国家、全面推进中华民族伟大复兴贡献智慧和力量!

中国人民政治协商会议章程修正案

（2023年3月11日政协第十四届全国委员会第一次会议通过）

一、章程总纲中增加一段，作为第三自然段，内容为：“**中国人民政治协商会议是中国共产党把马克思列宁主义统一战线理论、政党理论、民主政治理论同中国具体实际相结合、同中华优秀传统文化相结合的伟大成果，是中国共产党领导各民主党派、无党派人士、人民团体和各族各界人士在政治制度上进行的伟大创造。**”

二、章程总纲原第三自然段中“是我国政治生活中发扬社会主义民主的重要形式”修改为“是我国政治生活中发扬社会主义民主、**实践全过程人民民主**的重要形式”，将原第七自然段中“**是社会主义协商民主的重要渠道和专门协商机构**”调整至此处。这一自然段相应修改为：“中国人民政治协商会议是中国人民爱国统一战线的组织，是中国共产党领导的多党合作和政治协商的重要机构，是我国政治生活中发扬社会主义民主、**实践全过程人民民主**的重要形式，**是社会主义协商民主的重要渠道和专门协商机构**，是国家治理体系的重要组成部分，是具有中国特色的制度安排。团结和民主是中国人民政治协商会议的两大主题。一九四九年九月，中国人民政治协商会议第一届全体会议代行全国人民代表大会的职权，代表全国人民的意志，宣告中华人民共和国的成立，发挥了重要的历史作用。一九五四年第一届全国人民代表大会召开后，中国人民政治协商会议继续在国家的政治生活和社会生活以及对外友好活动中进行了许多工作，作出了重要的贡献。一九七八年十二月中国共产党十一届三中全会以来，在拨乱反正、巩固和发展安定团结的政治局面，实现国家工作中心向经济建设转移，推进改革开放和社会主义现代化建设，争取实现包括台湾在内的祖国统一，反对霸权主义、维护世界和平的斗争中，中国人民政治协商会议进一步发挥了重要作用。”

三、章程总纲原第四自然段中“已经成为各自所联系的一部分社会主义劳动者、社会主义事业的建设者和拥护社会主义的爱国者的政治联盟”后增加“**是接受中国共产党领导、同中国共产党通力合作的亲密友党，是中国共产党的好参谋、好帮手、好同事**”；“中国人民团结战斗”修改为“中国人民团结**奋**斗”。这一自然段相应修改为：“中华人民共和国成立以后，我国各族人民在中国共产党的领导下，消灭了剥削制度，建立了社会主义制度，推进社会主义建设，进行改革开放新的伟大革命，开辟了中国特色社会主义道路。我国社会阶级状况发生了根本的变化。工农联盟更加巩固。知识分子同工人、农民一样是社会主义事业的依靠力量。在人民革命、建设、改革事业中同中国共产党一道前进、一道经受考验并作出重要贡献的各民主党派，已经成为各自所联系的一部分社会主义劳动者、社会主义事业的建设者和拥护社会主义的爱国者的政治联盟，**是接受中国共产党领导、同中国共产党通力合作的亲密友党，是中国共产党的好参谋、好帮手、好同事**，是中国特色社会主义参政党，日益发挥其重要作用。全国各民族已经形成平等团结互助和谐的社会主义民族关系。宗教界的爱国人士积极参加祖国的社会主义建设。非公有制经济人士、新的社会阶层人士等是中国特色社会主义事业的建设者。香港特别行政区同胞、澳门特别行政区同胞、台湾同胞和海外侨胞热爱祖国，拥护祖国统一，支援祖国建设事业。国家事业不断发展，我国的爱国统一战线具有更强大的生命力，仍然是中国人民团结奋斗、建设祖国和统一祖国的一个重要法宝，它将更加巩固，更加发展。”

四、章程总纲原第五自然段中“二〇一二年十一月中国共产党第十八次全国代表大会以来”后增加“**中国特色社会主义进入新时代**”；“国家事业发生了历史性变革，中国特色社会主义进入了新时代”修改为“国家事业**取得历史性成就**、发生历史性变革，**实现第一个百年奋斗目标，开启了实现第二个百年奋斗目标新征程**”；“把我国建设成为富强民主文明和谐美丽的社会主义现代化强国”后增加“**以中国式现代化全面推进中华民族伟大复兴**”；“习近平新时代中国特色社会主义思想指引下”后增加“**坚持中国共产党的全面领导，增强‘四个意识’、坚定‘四个自信’、做到‘两个维护’**”；“高举爱国主义、社会主义旗帜，坚定中国特色社会主义道路自信、理论自信、制度自信、文化自信”修改为“高举爱国主义、社会主义旗帜”；“进一步巩固和发展爱国统一战线”修改为“进一步巩固和发展**最广泛的**爱国统一战线，**加强海内外中华儿女大团结**”；“为实现‘两个一百年’奋斗目标、实现中华民族伟大复兴的中国梦而奋斗”修改为“为实现**第二个百年**奋斗目标、实现中华民族伟大复兴的中国梦而**团结**奋斗”。这一自然段相应修改为：“二〇一二年十一月中国共产党第十八次全国代表大会以来，**中国特色社会主义进入新时代**，在新中国成立特别是改革开放以来长期努力的基础上，国家事业**取得历史性成就**、发生历史性变革，**实现第一个百年奋斗目标，开启了实现第二个百年奋斗目标新征程**。我们比历史上任何时期都更接近、更有信心和能力实现中华民族伟大复兴的目标。在现阶段，我国社会主要矛盾是人民日益增长的美好生活需要和不平衡不充分的发展之间的矛盾。但我国仍处于并将长期处于社会主义初级阶段的基本国情没有变，我国是世界最大发展中国家的国际地位没有变。由于国内的因素和国际的影响，我国人民同国内外的敌对势力和敌对分子的斗争还将是长期的，阶级斗争还将在一定范围内长期存在，但已经不是我国社会的主要矛盾。我国各族人民的根本任务是，在中国共产党的领导下，沿着中国特色社会主义道路，坚持社会主义初级阶段的基本路线，以经济建设为中心，坚持四项基本原则，坚持改革开放，自力更生，艰苦创业，把我国建设成为富强民主文明和谐美丽的社会主义现代化强国，**以中国式现代化全面推进中华民族伟大复兴**。中国人民政治协商会议要在马克思列宁主义、毛泽东思想、邓小平理论、'三个代表'重要思想、科学发展观、习近平新时代中国特色社会主义思想指引下，**坚持中国共产党的全面领导，增强'四个意识'、坚定'四个自信'、做到'两个维护'**，高举爱国主义、社会主义旗帜，坚持大团结大联合，坚持一致性和多样性统一，在热爱中华人民共和国、拥护中国共产党的领导、拥护社会主义事业、共同致力于实现中华民族伟大复兴中国梦的政治基础上，进一步巩固和发展**最广泛的**爱国统一战线，**加强海内外中华儿女大团结**，调动一切积极因素，团结一切可能团结的人，找到最大公约数，画出最大同心圆，同心同德，群策群力，按照中国特色社会主义事业'五位一体'总体布局和'四个全面'战略布局，维护和发展安定团结的政治局面，不断促进社会主义物质文明、政治文明、精神文明、社会文明、生态文明的协调发展，为实现**第二个百年**奋斗目标、实现中华民族伟大复兴的中国梦而**团结**奋斗。"

五、章程总纲原第七自然段中"中国人民政治协商会议是社会主义协商民主的重要渠道和专门协商机构，要聚焦国家中心任务"修改为"中国人民政治协商会议**坚持中国共产党领导、统一战线、协商民主有机结合，坚持围绕中**

心、服务大局，坚持发扬民主和增进团结相互贯通、建言资政和凝聚共识双向发力，发挥专门协商机构作用”；“把协商民主贯穿履行职能全过程，完善协商议政内容和形式，着力增进共识、促进团结”修改为“把协商民主贯穿履行职能全过程”。这一自然段相应修改为：“协商民主是我国社会主义民主政治的特有形式和独特优势。中国人民政治协商会议**坚持中国共产党领导、统一战线、协商民主有机结合，坚持围绕中心、服务大局，坚持发扬民主和增进团结相互贯通、建言资政和凝聚共识双向发力，发挥专门协商机构作用**，把协商民主贯穿履行职能全过程，在推动协商民主广泛多层制度化发展、推进国家治理体系和治理能力现代化中发挥不可替代的作用。”

六、章程第一章“工作总则”第三条第一款中“政治协商、民主监督、参政议政”后增加“**要把加强思想政治引领、广泛凝聚共识贯穿履职工作之中**”。这一款相应修改为：“中国人民政治协商会议全国委员会和地方委员会的主要职能是政治协商、民主监督、参政议政，**要把加强思想政治引领、广泛凝聚共识贯穿履职工作之中**。”

七、章程第一章“工作总则”第四条中“其他协商形式”后增加“**监督形式**”。这一条相应修改为：“中国人民政治协商会议全国委员会和地方委员会应制定年度协商计划。专题议政性常务委员会会议议题、专题协商会议题及其他协商形式、**监督形式**的重要议题，应列入年度协商计划，做到协商议题和协商形式相匹配。要综合运用各种形式，集协商、监督、参与、合作于一体,完善以全体会议为龙头,以专题议政性常务委员会会议和专题协商会为重点,以协商座谈会、对口协商会、提案办理协商会等为常态的协商议政格局。"

八、章程第一章"工作总则"第五条中"宣传和执行国家的宪法、法律、法规和各项方针、政策"后增加"**坚持总体国家安全观**"。这一条相应修改为:"中国人民政治协商会议全国委员会和地方委员会贯彻中国共产党的基本理论、基本路线、基本方略,坚持以人民为中心的发展思想,坚持全面依法治国,宣传和执行国家的宪法、法律、法规和各项方针、政策,**坚持总体国家安全观**,推动社会力量积极参加社会主义物质文明、政治文明、精神文明、社会文明、生态文明的建设事业,更好满足人民日益增长的美好生活需要,更好推动人的全面发展、社会全面进步。"

九、章程第一章"工作总则"第六条中"坚持公有制为主体、多种所有制经济共同发展的基本经济制度"修改为"坚持公有制为主体、多种所有制经济共同发展,**按劳分配为主体、多种分配方式并存,社会主义市场经济体制等**基本经济制度";"坚持按劳分配为主体、多种分配方式并存的分配制度。坚持发展社会主义市场经济,贯彻新发展理念"修改为"**把握新发展阶段,贯彻创新、协调、绿色、开放、共享的**新发展理念,**加快构建以国内大循环为主体、国内国际双循环相互促进的新发展格局,推动高质量发展**"。这一条相应修改为:"中国人民政治协商会议全国委员会和地方委员会坚持公有制为主体、多种所有制经济共同发展，**按劳分配为主体、多种分配方式并存，社会主义市场经济体制等**基本经济制度。毫不动摇地巩固和发展公有制经济，毫不动摇地鼓励、支持、引导非公有制经济发展。**把握新发展阶段**，贯彻**创新、协调、绿色、开放、共享的新发展理念，加快构建以国内大循环为主体、国内国际双循环相互促进的新发展格局，推动高质量发展**，建设现代化经济体系，发挥市场在资源配置中的决定性作用，更好发挥政府作用，促进社会生产力的解放和发展，逐步实现全体人民共同富裕。”

十、章程第一章“工作总则”第七条中“克服形式主义、官僚主义、享乐主义和奢靡之风”后增加“**反对特权思想和特权现象**”。这一条相应修改为：“中国人民政治协商会议全国委员会和地方委员会密切联系各方面人士，反映他们及其所联系的群众的意见和要求，对国家机关和国家工作人员的工作提出建议和批评，协助国家机关进行机构改革和体制改革，改进工作，提高工作效率，克服形式主义、官僚主义、享乐主义和奢靡之风，**反对特权思想和特权现象**，加强廉政建设。”

十一、章程第一章“工作总则”第十条第一款中“政治、法治、经济”后增加“**农业农村、社会**”；“环境”修改为“**资源环境**”。这一款相应修改为：“中国人民政治协商会议全国委员会和地方委员会坚持发展科学、繁荣文化的百花齐放、百家争鸣的方针，密切联系国家机关和其他有关组织，在政治、法治、经济、**农业农村**、**社会**、教育、科学技术、文化艺术、新闻出版、医药卫生、体育、**资源**环境等方面开展调查研究等活动，广开言路，广开才路，充分发挥委员的专长和作用。”

十二、章程第一章“工作总则”第十二条中“组织学习时事政治”后增加“**学习中共党史**、**新中国史**、**改革开放史**、**社会主义发展史**”。这一条相应修改为：“中国人民政治协商会议全国委员会和地方委员会推动委员自觉学习马克思列宁主义、毛泽东思想、邓小平理论、‘三个代表’重要思想、科学发展观、习近平新时代中国特色社会主义思想，组织学习时事政治，**学习中共党史**、**新中国史**、**改革开放史**、**社会主义发展史**，学习交流业务和科学技术知识，增强政治把握能力、调查研究能力、联系群众能力、合作共事能力。”

十三、章程第一章“工作总则”第十三条第二款中“全面准确”后增加“**坚定不移**”；“严格依照宪法和基本法办事”后增加“**落实‘爱国者治港’、‘爱国者治澳’原则**”。这一款相应修改为：“全面准确、**坚定不移**贯彻‘一国两制’、‘港人治港’、‘澳人治澳’、高度自治的方针，严格依照宪法和基本法办事，**落实‘爱国者治港’、‘爱国者治澳’原则**，加强同香港特别行政区同胞、澳门特别行政区同胞的联系和团结，鼓励他们为保持香港、澳门长期繁荣稳定，为建设祖国和统一祖国作出贡献。”

十四、章程第一章“工作总则”第十四条中“宣传和协助贯彻执行国家的人才强国战略和知识分子政策”修改为“宣传和协助贯彻执行国家的**科教兴国战略**、人才强国战略、**创新驱动发展战略**和知识分子政策”。这一条相应修改为:“中国人民政治协商会议全国委员会和地方委员会宣传和协助贯彻执行国家的**科教兴国战略**、人才强国战略、**创新驱动发展战略**和知识分子政策,尊重劳动、尊重知识、尊重人才、尊重创造,以利于充分发挥各类人才和知识分子在社会主义现代化建设中的作用。”

十五、章程第一章“工作总则”第十五条中“宣传和协助贯彻执行国家的民族政策”后增加“**坚定不移走中国特色解决民族问题的正确道路,坚持和完善民族区域自治制度**”;“坚持和完善民族区域自治制度,深化民族团结进步教育”修改为“深化民族团结进步教育”。这一条相应修改为:“中国人民政治协商会议全国委员会和地方委员会宣传和协助贯彻执行国家的民族政策,**坚定不移走中国特色解决民族问题的正确道路,坚持和完善民族区域自治制度**,反映少数民族的意见和要求,促进发展民族地区的经济、文化、社会和生态保护事业,维护少数民族的合法权利和利益,深化民族团结进步教育,铸牢中华民族共同体意识,加强各民族交往交流交融,巩固和发展平等团结互助和谐的社会主义民族关系,为促进各民族共同团结奋斗、共同繁荣发展,增进各族人民的大团结和维护祖国的统一贡献力量。”

十六、章程第一章“工作总则”第十六条中“坚持我国宗教的中国化方向”修改为“坚持我国宗教中国化方向”。这一条相应修改为:“中国人民政治协商会议全国委员会和地方委员会宣传和协助贯彻执行国家的宗教信仰自由政策，支持政府依法管理宗教事务，坚持独立自主自办的原则，积极引导宗教与社会主义社会相适应，坚持我国宗教中国化方向，团结宗教界爱国人士和宗教信仰者为祖国的建设和统一贡献力量。”

十七、章程第一章“工作总则”第十八条中“加强同各国人民的友好往来和合作”后增加“**弘扬和平、发展、公平、正义、民主、自由的全人类共同价值**”。这一条相应修改为：“中国人民政治协商会议全国委员会和地方委员会宣传和协助贯彻执行国家的外交政策，根据具体情况，积极主动地开展人民外交活动，加强同各国人民的友好往来和合作，**弘扬和平、发展、公平、正义、民主、自由的全人类共同价值**，推动构建人类命运共同体。”

十八、章程第三章“委员”第三十四条中“中国人民政治协商会议全国委员会委员和地方委员会委员要”后增加“**坚持为国履职、为民尽责**”。这一条相应修改为：“中国人民政治协商会议全国委员会委员和地方委员会委员要**坚持为国履职、为民尽责**，密切联系群众，了解和反映他们的愿望和要求，参加本会组织的会议和活动。”

十九、章程第三章“委员”第三十九条末尾增加“**常务委员会组成人员违纪违法的，可由常务委员会依照法律和有关规定作出处理决定，针对不同情形，相关处理决定待召开全体会议予以追认**”。这一条相应修改为：“对违纪违法的委员，中国人民政治协商会议全国委员会常务委员会或地方委员会常务委员会应当依照法律和有关规定作出相应处理。**常务委员会组成人员违纪违法的，可由常务委员会依照法律和有关规定作出处理决定，针对不同情形，相关处理决定待召开全体会议予以追认。**”

二十、章程第四章“全国委员会”第四十八条中“协助秘书长进行工作”修改为“协助秘书长工作”。这一条相应修改为：“中国人民政治协商会议全国委员会设副秘书长若干人，协助秘书长工作。设立办公厅，在秘书长领导下进行工作。”

二十一、章程第四章“全国委员会”第四十九条中“设立若干专门委员会及其他工作机构，由常务委员会决定”修改为“设立若干专门委员会及其他工作机构”；“专门委员会在工作中应发挥基础性作用”修改为“专门委员会在**常务委员会和主席会议领导下进行工作**，发挥基础性作用”。这一条相应修改为：“中国人民政治协商会议全国委员会根据工作需要，设立若干专门委员会及其他工作机构。专门委员会在**常务委员会和主席会议领导下进行工作**，发挥基础性作用。”

二十二、章程第五章“地方委员会”第五十二条中“中国人民政治协商会议的省、自治区、直辖市、自治州、设区的市、县、自治县、不设区的市和市辖区的地方委员会”修改为“中国人民政治协商会议**各级**地方委员会”。这一条相应修改为：“中国人民政治协商会议**各级**地方委员会每届任期五年。”

中国人民政治协商会议章程

（1982年12月11日中国人民政治协商会议第五届全国委员会第五次会议通过　根据1994年3月19日中国人民政治协商会议第八届全国委员会第二次会议通过的《中国人民政治协商会议章程修正案》、2000年3月11日中国人民政治协商会议第九届全国委员会第三次会议通过的《中国人民政治协商会议章程修正案》、2004年3月12日中国人民政治协商会议第十届全国委员会第二次会议通过的《中国人民政治协商会议章程修正案》、2018年3月15日中国人民政治协商会议第十三届全国委员会第一次会议通过的《中国人民政治协商会议章程修正案》和2023年3月11日中国人民政治协商会议第十四届全国委员会第一次会议通过的《中国人民政治协商会议章程修正案》修订）

目　录

总　　纲

中国人民在长期的革命、建设、改革进程中，结成了由中国共产党领导的、以工农联盟为基础的，有各民主党派、无党派人士、人民团体、少数民族人士和各界爱国人士参加的，由全体社会主义劳动者、社会主义事业的建设者、拥护社会主义的爱国者、拥护祖国统一和致力于中华民族伟大复兴的爱国者组成的，包括香港特别行政区同胞、澳门特别行政区同胞、台湾同胞和海外侨胞在内的最广泛的爱国统一战线。

中华人民共和国宪法规定：中国共产党领导的多党合作和政治协商制度将长期存在和发展。

中国人民政治协商会议是中国共产党把马克思列宁主义统一战线理论、政党理论、民主政治理论同中国具体实际相结合、同中华优秀传统文化相结合的伟大成果，是中国共产党领导各民主党派、无党派人士、人民团体和各族各界人士在政治制度上进行的伟大创造。

中国人民政治协商会议是中国人民爱国统一战线的组

织，是中国共产党领导的多党合作和政治协商的重要机构，是我国政治生活中发扬社会主义民主、实践全过程人民民主的重要形式，是社会主义协商民主的重要渠道和专门协商机构，是国家治理体系的重要组成部分，是具有中国特色的制度安排。团结和民主是中国人民政治协商会议的两大主题。一九四九年九月，中国人民政治协商会议第一届全体会议代行全国人民代表大会的职权，代表全国人民的意志，宣告中华人民共和国的成立，发挥了重要的历史作用。一九五四年第一届全国人民代表大会召开后，中国人民政治协商会议继续在国家的政治生活和社会生活以及对外友好活动中进行了许多工作，作出了重要的贡献。一九七八年十二月中国共产党十一届三中全会以来，在拨乱反正、巩固和发展安定团结的政治局面，实现国家工作中心向经济建设转移，推进改革开放和社会主义现代化建设，争取实现包括台湾在内的祖国统一，反对霸权主义、维护世界和平的斗争中，中国人民政治协商会议进一步发挥了重要作用。

中华人民共和国成立以后，我国各族人民在中国共产党的领导下，消灭了剥削制度，建立了社会主义制度，推进社会主义建设，进行改革开放新的伟大革命，开辟了中国特色社会主义道路。我国社会阶级状况发生了根本的变化。工农联盟更加巩固。知识分子同工人、农民一样是社会主义事业的依靠力量。在人民革命、建设、改革事业中同中国共产党一道前进、一道经受考验并作出重要贡献的各民主党派，已经成为各自所联系的一部分社会主义劳动者、社会主义事业的建设者和拥护社会主义的爱国者的政治联盟，是接受中国共产党领导、同中国共产党通力合作的亲密友党，是中国共产党的好参谋、好帮手、好同事，是中国特色社会主义参政党，日益发挥其重要作用。全国各民族已经形成平等团结互助和谐的社会主义民族关系。宗教界的爱国人士积极参加祖国的社会主义建设。非公有制经济人士、新的社会阶层人士等是中国特色社会主义事业的建设者。香港特别行政区同胞、澳门特别行政区同胞、台湾同胞和海外侨胞热爱祖国，拥护祖国统一，支援祖国建设事业。国家事业不断发展，我国的爱国统一战线具有更强大的生命力，仍然是中国人民团结奋斗、建设祖国和统一祖国的一个重要法宝，它将更加巩固，更加发展。

二〇一二年十一月中国共产党第十八次全国代表大会以来，中国特色社会主义进入新时代，在新中国成立特别是改革开放以来长期努力的基础上，国家事业取得历史性成就、发生历史性变革，实现第一个百年奋斗目标，开启了实现第二个百年奋斗目标新征程。我们比历史上任何时期都更接近、更有信心和能力实现中华民族伟大复兴的目标。在现阶段，我国社会主要矛盾是人民日益增长的美好生活需要和不平衡不充分的发展之间的矛盾。但我国仍处于并将长期处于社会主义初级阶段的基本国情没有变，我国是世界最大发展中国家的国际地位没有变。由于国内的因素和国际的影响，我国人民同国内外的敌对势力和敌对分子的斗争还将是长期的，阶级斗争还将在一定范围内长期存在,但已经不是我国社会的主要矛盾。我国各族人民的根本任务是,在中国共产党的领导下,沿着中国特色社会主义道路,坚持社会主义初级阶段的基本路线,以经济建设为中心,坚持四项基本原则,坚持改革开放,自力更生,艰苦创业,把我国建设成为富强民主文明和谐美丽的社会主义现代化强国,以中国式现代化全面推进中华民族伟大复兴。中国人民政治协商会议要在马克思列宁主义、毛泽东思想、邓小平理论、“三个代表”重要思想、科学发展观、习近平新时代中国特色社会主义思想指引下,坚持中国共产党的全面领导,增强“四个意识”、坚定“四个自信”、做到“两个维护”,高举爱国主义、社会主义旗帜,坚持大团结大联合,坚持一致性和多样性统一,在热爱中华人民共和国、拥护中国共产党的领导、拥护社会主义事业、共同致力于实现中华民族伟大复兴中国梦的政治基础上,进一步巩固和发展最广泛的爱国统一战线,加强海内外中华儿女大团结,调动一切积极因素,团结一切可能团结的人,找到最大公约数,画出最大同心圆,同心同德,群策群力,按照中国特色社会主义事业“五位一体”总体布局和“四个全面”战略布局,维护和发展安定团结的政治局面,不断促进社会主义物质文明、政治文明、精神文明、社会文明、生态文明的协调发展,为实现第二个百年奋斗目标、实现中华民族伟大复兴的中国梦而团结奋斗。

中国共产党领导的多党合作和政治协商制度是我国的一项基本政治制度,是具有中国特色的社会主义政党制度。

中国人民政治协商会议是实行中国共产党领导的多党合作和政治协商制度的重要政治形式和组织形式。中国人民政治协商会议根据中国共产党同各民主党派和无党派人士长期共存、互相监督、肝胆相照、荣辱与共的方针,促进参加中国人民政治协商会议的各党派、无党派人士的团结合作,充分体现和发挥我国社会主义新型政党制度的特点和优势。

协商民主是我国社会主义民主政治的特有形式和独特优势。中国人民政治协商会议坚持中国共产党领导、统一战线、协商民主有机结合,坚持围绕中心、服务大局,坚持发扬民主和增进团结相互贯通、建言资政和凝聚共识双向发力,发挥专门协商机构作用,把协商民主贯穿履行职能全过程,在推动协商民主广泛多层制度化发展、推进国家治理体系和治理能力现代化中发挥不可替代的作用。

中国人民政治协商会议的一切活动以中华人民共和国宪法为根本的准则。

中国人民政治协商会议全国委员会和地方委员会,依法维护其参加单位和个人依照本章程履行职责的权利。

第一章　工作总则

第一条　中国人民政治协商会议全国委员会和地方委员会,依照中国人民政治协商会议章程进行工作。

第二条　中国人民政治协商会议全国委员会和地方委员会的工作原则是:坚持中国共产党领导,坚持人民政协性质定位，坚持大团结大联合，坚持发扬社会主义民主。

第三条 中国人民政治协商会议全国委员会和地方委员会的主要职能是政治协商、民主监督、参政议政，要把加强思想政治引领、广泛凝聚共识贯穿履职工作之中。

政治协商是对国家大政方针和地方的重要举措以及经济建设、政治建设、文化建设、社会建设、生态文明建设中的重要问题，在决策之前和决策实施之中进行协商。中国人民政治协商会议全国委员会和地方委员会可根据中国共产党、人民代表大会常务委员会、人民政府、民主党派、人民团体的提议，举行有各党派、团体的负责人和各族各界人士的代表参加的会议，进行协商，亦可建议上列单位将有关重要问题提交协商。

民主监督是对国家宪法、法律和法规的实施，重大方针政策、重大改革举措、重要决策部署的贯彻执行情况，涉及人民群众切身利益的实际问题解决落实情况，国家机关及其工作人员的工作等，通过提出意见、批评、建议的方式进行的协商式监督。

参政议政是对政治、经济、文化、社会生活和生态环境等方面的重要问题以及人民群众普遍关心的问题，开展调查研究，反映社情民意，进行协商讨论。通过调研报告、提案、建议案或其他形式，向中国共产党和国家机关提出意见和建议。

第四条 中国人民政治协商会议全国委员会和地方委员会应制定年度协商计划。专题议政性常务委员会会议议题、专题协商会议题及其他协商形式、监督形式的重要议题，应列入年度协商计划，做到协商议题和协商形式相匹配。要综合运用各种形式，集协商、监督、参与、合作于一体，完善以全体会议为龙头，以专题议政性常务委员会会议和专题协商会为重点，以协商座谈会、对口协商会、提案办理协商会等为常态的协商议政格局。

第五条 中国人民政治协商会议全国委员会和地方委员会贯彻中国共产党的基本理论、基本路线、基本方略，坚持以人民为中心的发展思想，坚持全面依法治国，宣传和执行国家的宪法、法律、法规和各项方针、政策，坚持总体国家安全观，推动社会力量积极参加社会主义物质文明、政治文明、精神文明、社会文明、生态文明的建设事业，更好满足人民日益增长的美好生活需要，更好推动人的全面发展、社会全面进步。

第六条 中国人民政治协商会议全国委员会和地方委员会坚持公有制为主体、多种所有制经济共同发展，按劳分配为主体、多种分配方式并存，社会主义市场经济体制等基本经济制度。毫不动摇地巩固和发展公有制经济，毫不动摇地鼓励、支持、引导非公有制经济发展。把握新发展阶段，贯彻创新、协调、绿色、开放、共享的新发展理念，加快构建以国内大循环为主体、国内国际双循环相互促进的新发展格局，推动高质量发展，建设现代化经济体系，发挥市场在资源配置中的决定性作用，更好发挥政府作用，促进社会生产力的解放和发展，逐步实现全体人民共同富裕。

第七条 中国人民政治协商会议全国委员会和地方委员会密切联系各方面人士，反映他们及其所联系的群众的意见和要求，对国家机关和国家工作人员的工作提出建议和批评，协助国家机关进行机构改革和体制改革，改进工作，提高工作效率，克服形式主义、官僚主义、享乐主义和奢靡之风，反对特权思想和特权现象，加强廉政建设。

第八条 中国人民政治协商会议全国委员会和地方委员会调整和处理统一战线各方面的关系和中国人民政治协商会议内部合作的重要事项。

第九条 中国人民政治协商会议全国委员会和地方委员会坚持中国特色社会主义文化发展道路，通过各种形式，传承和弘扬中华优秀传统文化，继承革命文化，发展社会主义先进文化，弘扬民族精神和时代精神，培育和践行社会主义核心价值观，开展爱祖国、爱人民、爱劳动、爱科学、爱社会主义的公德以及革命的理想、道德和纪律的宣传教育工作。

第十条 中国人民政治协商会议全国委员会和地方委员会坚持发展科学、繁荣文化的百花齐放、百家争鸣的方针，密切联系国家机关和其他有关组织，在政治、法治、经济、农业农村、社会、教育、科学技术、文化艺术、新闻出版、医药卫生、体育、资源环境等方面开展调查研究等活动，广开言路，广开才路，充分发挥委员的专长和作用。

中国人民政治协商会议全国委员会和地方委员会推动和协助社会力量兴办各种有利于中国特色社会主义建

设的事业。

第十一条 中国人民政治协商会议全国委员会和地方委员会组织委员视察、考察和调查，了解情况，就各项事业和群众生活的重要问题进行研究，通过建议案、提案、社情民意信息和其他形式向国家机关和其他有关组织提出建议和批评。

第十二条 中国人民政治协商会议全国委员会和地方委员会推动委员自觉学习马克思列宁主义、毛泽东思想、邓小平理论、“三个代表”重要思想、科学发展观、习近平新时代中国特色社会主义思想，组织学习时事政治，学习中共党史、新中国史、改革开放史、社会主义发展史，学习交流业务和科学技术知识，增强政治把握能力、调查研究能力、联系群众能力、合作共事能力。

第十三条 中国人民政治协商会议全国委员会和地方委员会宣传和参与贯彻执行国家关于统一祖国的方针政策，积极开展同台湾同胞和各界人士的联系，坚决反对一切分裂国家的活动，促进祖国统一大业的实现。

全面准确、坚定不移贯彻“一国两制”、“港人治港”、“澳人治澳”、高度自治的方针，严格依照宪法和基本法办事，落实“爱国者治港”、“爱国者治澳”原则，加强同香港特别行政区同胞、澳门特别行政区同胞的联系和团结，鼓励他们为保持香港、澳门长期繁荣稳定，为建设祖国和统一祖国作出贡献。

第十四条 中国人民政治协商会议全国委员会和地方

委员会宣传和协助贯彻执行国家的科教兴国战略、人才强国战略、创新驱动发展战略和知识分子政策，尊重劳动、尊重知识、尊重人才、尊重创造，以利于充分发挥各类人才和知识分子在社会主义现代化建设中的作用。

第十五条 中国人民政治协商会议全国委员会和地方委员会宣传和协助贯彻执行国家的民族政策，坚定不移走中国特色解决民族问题的正确道路，坚持和完善民族区域自治制度，反映少数民族的意见和要求，促进发展民族地区的经济、文化、社会和生态保护事业，维护少数民族的合法权利和利益，深化民族团结进步教育，铸牢中华民族共同体意识，加强各民族交往交流交融，巩固和发展平等团结互助和谐的社会主义民族关系，为促进各民族共同团结奋斗、共同繁荣发展，增进各族人民的大团结和维护祖国的统一贡献力量。

第十六条 中国人民政治协商会议全国委员会和地方委员会宣传和协助贯彻执行国家的宗教信仰自由政策，支持政府依法管理宗教事务，坚持独立自主自办的原则，积极引导宗教与社会主义社会相适应，坚持我国宗教中国化方向，团结宗教界爱国人士和宗教信仰者为祖国的建设和统一贡献力量。

第十七条 中国人民政治协商会议全国委员会和地方委员会宣传和协助贯彻执行国家的侨务政策，加强同归侨、侨眷和海外侨胞的联系和团结，鼓励他们为祖国的建设事业和统一祖国的大业作出贡献。

第十八条 中国人民政治协商会议全国委员会和地方委员会宣传和协助贯彻执行国家的外交政策，根据具体情况，积极主动地开展人民外交活动，加强同各国人民的友好往来和合作，弘扬和平、发展、公平、正义、民主、自由的全人类共同价值，推动构建人类命运共同体。

第十九条 中国人民政治协商会议全国委员会和地方委员会根据统一战线组织的特点进行关于中国近代以来文史资料的征集、研究和出版工作。

第二十条 中国人民政治协商会议全国委员会加强同地方委员会的联系，沟通情况，交流经验，指导工作，研究地方委员会带共同性的问题。

第二章 组织总则

第二十一条 中国人民政治协商会议设全国委员会和地方委员会。

中国人民政治协商会议全国委员会对地方委员会的关系和地方委员会对下级地方委员会的关系是指导关系。

第二十二条 中国人民政治协商会议全国委员会由中国共产党、各民主党派、无党派人士、人民团体、各少数民族和各界的代表，香港特别行政区同胞、澳门特别行政区同胞、台湾同胞和归国侨胞的代表以及特别邀请的人士组成，设若干界别。

中国人民政治协商会议地方委员会的组成，根据当地情况，参照全国委员会的组成决定。

第二十三条 凡赞成本章程的党派和团体，经中国人民政治协商会议全国委员会常务委员会协商同意，得参加中国人民政治协商会议全国委员会。参加地方委员会者，由各级地方委员会按照本条上述规定办理。

第二十四条 参加中国人民政治协商会议全国委员会或地方委员会的单位和个人，都有遵守和履行本章程的义务。

第二十五条 中国人民政治协商会议地方委员会对全国委员会的全国性的决议，下级地方委员会对上级地方委员会的全地区性的决议，都有遵守和履行的义务。

第二十六条 中国人民政治协商会议全国委员会和地方委员会全体会议的议案，应经全体委员过半数通过。常务委员会的议案，应经常务委员会全体组成人员过半数通过。各参加单位和个人对会议的决议，都有遵守和履行的义务。如有不同意见，在坚决执行的前提下可以声明保留。

第二十七条 参加中国人民政治协商会议全国委员会和地方委员会的单位和个人，有通过本会会议和组织充分发表各种意见、参加讨论国家大政方针和各该地方重大事务的权利，对国家机关和国家工作人员的工作提出建议和批评的权利，以及对违纪违法行为检举揭发的权利，参加有关部门组织的调查和检查活动。

第二十八条 参加中国人民政治协商会议全国委员会和地方委员会的单位和个人，有声明退出的自由。

第二十九条　参加中国人民政治协商会议全国委员会和地方委员会的单位和个人，如果严重违反中国人民政治协商会议章程或全体会议和常务委员会的决议，由全国委员会常务委员会或地方委员会常务委员会分别依据情节给予警告处分，或撤销其参加中国人民政治协商会议全国委员会或地方委员会的资格。

受警告处分或撤销参加资格的单位或个人，如果不服，可以请求复议。

第三章　委　员

第三十条　中国人民政治协商会议全国委员会委员和地方委员会委员应热爱祖国，拥护中国共产党的领导和社会主义事业，维护民族团结和国家统[illegible]，遵守国家的宪法和法律，保守国家秘密，廉洁自律，在本界别中有代表性，有社会影响和参政议政能力。

第三十一条　中国人民政治协商会议全国委员会委员经相关程序后，须由中国人民政治协商会议全国委员会常务委员会协商决定。地方委员会委员经相关程序后，须由各级地方委员会常务委员会协商决定。

第三十二条　中国人民政治协商会议全国委员会委员和地方委员会委员应当依照本章程积极履行职责，认真行使权利。

第三十三条　中国人民政治协商会议全国委员会委员

和地方委员会委员，在本会会议上有表决权、选举权和被选举权；有对本会工作提出意见、批评、建议的权利。

第三十四条 中国人民政治协商会议全国委员会委员和地方委员会委员要坚持为国履职、为民尽责，密切联系群众，了解和反映他们的愿望和要求，参加本会组织的会议和活动。

第三十五条 中国人民政治协商会议全国委员会委员和地方委员会委员应当正确处理个人职业活动与履行职责的关系，不得利用委员身份牟取个人、小团体和特定关系人的利益。

第三十六条 中国人民政治协商会议全国委员会和地方委员会应当加强委员履职管理，建立委员履职档案，采取适当方式通报履职情况。

第三十七条 对严重损害国家和人民利益的，因严重违纪违法被给予组织处理、处分或被判刑以及涉嫌违纪违法正在接受调查处理的，在身份上弄虚作假的等，不得提名或继续提名为委员人选。

第三十八条 因工作变动或其他原因不宜继续担任委员的，本人应当辞去委员。对违反社会道德或存在与委员身份不符行为的，应当及时约谈或函询，经提醒仍不改正的，应当责令其辞去委员。

第三十九条 对违纪违法的委员，中国人民政治协商会议全国委员会常务委员会或地方委员会常务委员会应当依照法律和有关规定作出相应处理。常务委员会组成人员违纪违法的，可由常务委员会依照法律和有关规定作出处理决定，针对不同情形，相关处理决定待召开全体会议予以追认。

第四章　全国委员会

第四十条　每届中国人民政治协商会议全国委员会的参加单位、委员名额和人选及界别设置，经上届全国委员会主席会议审议同意后，由常务委员会协商决定。

每届全国委员会任期内，有必要增加或者变更参加单位、委员名额和决定人选时，经本届主席会议审议同意后，由常务委员会协商决定。

第四十一条　中国人民政治协商会议全国委员会每届任期五年。如遇非常情况，由常务委员会以全体组成人员的三分之二以上的多数通过，得延长任期。

第四十二条　中国人民政治协商会议全国委员会设主席，副主席若干人和秘书长。

第四十三条　中国人民政治协商会议全国委员会全体会议每年举行一次。常务委员会认为必要时，得临时召集。

第四十四条　中国人民政治协商会议全国委员会全体会议行使下列职权：

（一）修改中国人民政治协商会议章程，监督章程的实施；

（二）选举全国委员会的主席、副主席、秘书长和常务委员，决定常务委员会组成人员的增加或者变更；

（三）协商讨论国家的大政方针以及经济建设、政治建设、文化建设、社会建设、生态文明建设中的重要问题，提出建议和批评；

（四）听取和审议常务委员会的工作报告、提案工作情况报告和其他报告；

（五）讨论本会重大工作原则、任务并作出决议。

第四十五条 中国人民政治协商会议全国委员会设常务委员会主持会务。

常务委员会由全国委员会主席、副主席、秘书长和常务委员组成，其候选人由参加中国人民政治协商会议全国委员会的各党派、团体、各民族和各界人士协商提名，经全国委员会全体会议选举产生。

常务委员会每年至少举行两次专题议政性会议。

第四十六条 中国人民政治协商会议全国委员会常务委员会行使下列职权：

（一）解释中国人民政治协商会议章程，监督章程的实施；

（二）召集并主持中国人民政治协商会议全国委员会全体会议；每届第一次全体会议前召开全体委员参加的预备会议，选举第一次全体会议主席团，由主席团主持第一次全体会议；

（三）组织实现中国人民政治协商会议章程规定的任务；

（四）执行全国委员会全体会议的决议；

（五）全国委员会全体会议闭会期间，审查通过提交全国人民代表大会及其常务委员会或国务院的重要建议案；

（六）协商决定全国委员会委员；

（七）根据秘书长的提议，任免中国人民政治协商会议全国委员会副秘书长；

（八）决定中国人民政治协商会议全国委员会工作机构的设置和变动，并任免其领导成员。

第四十七条 中国人民政治协商会议全国委员会主席主持常务委员会的工作。副主席、秘书长协助主席工作。

主席、副主席、秘书长组成主席会议，处理常务委员会的重要日常工作。

主席会议受常务委员会的委托，主持下一届第一次全体会议预备会议。

第四十八条 中国人民政治协商会议全国委员会设副秘书长若干人，协助秘书长工作。设立办公厅，在秘书长领导下进行工作。

第四十九条 中国人民政治协商会议全国委员会根据工作需要，设立若干专门委员会及其他工作机构。专门委员会在常务委员会和主席会议领导下进行工作，发挥基础性作用。

第五章　地方委员会

第五十条 省、自治区、直辖市设中国人民政治协商会议的省、自治区、直辖市委员会；自治州、设区的市、县、自治县、不设区的市和市辖区，凡有条件的地方，均可设立中国人民政治协商会议各该地方的地方委员会。

第五十一条 每届中国人民政治协商会议地方委员会的参加单位、委员名额和人选及界别设置，经上届地方委员会主席会议审议同意后，由常务委员会协商决定。

每届地方委员会任期内，如有必要增加或者变更参加单位、委员名额和决定人选，经本届地方委员会主席会议审议同意后，由常务委员会协商决定。

第五十二条 中国人民政治协商会议各级地方委员会每届任期五年。

第五十三条 中国人民政治协商会议各级地方委员会设主席，副主席若干人和秘书长。

第五十四条 中国人民政治协商会议各级地方委员会的全体会议每年至少举行一次。

第五十五条 中国人民政治协商会议各级地方委员会全体会议行使下列职权：

（一）选举地方委员会的主席、副主席、秘书长和常务委员，决定常务委员会组成人员的增加或者变更；

（二）听取和审议常务委员会的工作报告、提案工作情况报告和其他报告；

（三）讨论并通过有关的决议；

（四）参与对国家和地方事务的重要问题的讨论，提出建议和批评。

第五十六条 中国人民政治协商会议各级地方委员会

设常务委员会主持会务。

常务委员会由地方委员会主席、副主席、秘书长和常务委员组成,其候选人由参加各该地方委员会的各党派、团体、各民族和各界人士协商提名,经全体会议选举产生。

第五十七条 中国人民政治协商会议地方委员会常务委员会行使下列职权:

(一)召集并主持地方委员会全体会议;每届第一次全体会议前召开全体委员参加的预备会议,选举第一次全体会议主席团,由主席团主持第一次全体会议;

(二)组织实现中国人民政治协商会议章程规定的任务和全国委员会所作的全国性的决议以及上级地方委员会所作的全地区性的决议;

(三)执行地方委员会全体会议的决议;

(四)地方委员会全体会议闭会期间,审议通过提交同级地方人民代表大会及其常务委员会或人民政府的重要建议案;

(五)协商决定地方委员会委员;

(六)根据秘书长的提议,任免地方委员会的副秘书长;

(七)决定地方委员会工作机构的设置和变动,并任免其领导成员。

第五十八条 中国人民政治协商会议各级地方委员会的主席主持常务委员会的工作。副主席、秘书长协助主席工作。

主席、副主席、秘书长组成主席会议,处理常务委员会的重要日常工作。

主席会议受常务委员会的委托,主持下一届第一次全体会议预备会议。

第五十九条 中国人民政治协商会议各级地方委员会可以按照需要设副秘书长一人至数人,协助秘书长进行工作。

第六十条 省、自治区、直辖市的地方委员会设立办公厅,专门委员会及其他工作机构的设置,按照当地实际情况和工作需要,由常务委员会决定。

自治州、设区的市、县、自治县、不设区的市和市辖区的地方委员会的工作机构的设置,按照当地实际情况和工作需要,由常务委员会决定。

第六章 会 徽

第六十一条 中国人民政治协商会议会徽为一颗五角星、齿轮和麦穗、四面红旗和缎带、中国地图和地球、“1949”和“中国人民政治协商会议”组成的图案。

第六十二条 中国人民政治协商会议会徽中,一颗五角星表示中国共产党领导;齿轮和麦穗表示以工农联盟为基础;四面红旗和缎带表示各党派、各团体、各民族、各阶层的大团结大联合;中国地图和地球表示全国人民包括香港特别行政区同胞、澳门特别行政区同胞、台湾同胞和海外侨胞的团结；“1949”和“中国人民政治协商会议”分别为诞生时间、名称。

第六十三条 中国人民政治协商会议各参加单位和个人都要维护会徽的尊严。要按照规定制作和使用会徽。

中国人民政治协商会议章程修改前后内容对照表

修改前内容		修改后内容	
		总纲第三自然段	**中国人民政治协商会议是中国共产党把马克思列宁主义统一战线理论、政党理论、民主政治理论同中国具体实际相结合、同中华优秀传统文化相结合的伟大成果，是中国共产党领导各民主党派、无党派人士、人民团体和各族各界人士在政治制度上进行的伟大创造。**
总纲第三自然段	中国人民政治协商会议是中国人民爱国统一战线的组织，是中国共产党领导的多党合作和政治协商的重要机构，是我国政治生活中发扬社会主义民主的重要形式，是国家治理体系的重要组成部分，是具有中国特色的制度安排。团结和民主是中国人民政治协商会议的两大主题。一九四九年九月，中国人民政治协商会议第一届全体会议代行全国人民代表大会的职权，代表全国人民的意志，宣告中华人民共和国的成立，发挥了重要的历史作用。一九五四年第一	总纲第四自然段	中国人民政治协商会议是中国人民爱国统一战线的组织，是中国共产党领导的多党合作和政治协商的重要机构，是我国政治生活中发扬社会主义民主、**实践全过程人民民主**的重要形式，**是社会主义协商民主的重要渠道和专门协商机构**，是国家治理体系的重要组成部分，是具有中国特色的制度安排。团结和民主是中国人民政治协商会议的两大主题。一九四九年九月，中国人民政治协商会议第一届全体会议代行全国人民代表大

续表

修改前内容		修改后内容	
总纲第三自然段	届全国人民代表大会召开后，中国人民政治协商会议继续在国家的政治生活和社会生活以及对外友好活动中进行了许多工作，作出了重要的贡献。一九七八年十二月中国共产党十一届三中全会以来，在拨乱反正、巩固和发展安定团结的政治局面，实现国家工作中心向经济建设转移，推进改革开放和社会主义现代化建设，争取实现包括台湾在内的祖国统一，反对霸权主义、维护世界和平的斗争中，中国人民政治协商会议进一步发挥了重要作用。	总纲第四自然段	会的职权，代表全国人民的意志，宣告中华人民共和国的成立，发挥了重要的历史作用。一九五四年第一届全国人民代表大会召开后，中国人民政治协商会议继续在国家的政治生活和社会生活以及对外友好活动中进行了许多工作，作出了重要的贡献。一九七八年十二月中国共产党十一届三中全会以来，在拨乱反正、巩固和发展安定团结的政治局面，实现国家工作中心向经济建设转移，推进改革开放和社会主义现代化建设，争取实现包括台湾在内的祖国统一，反对霸权主义、维护世界和平的斗争中，中国人民政治协商会议进一步发挥了重要作用。
总纲第四自然段	中华人民共和国成立以后，我国各族人民在中国共产党的领导下，消灭了剥削制度，建立了社会主义制度，推进社会主义建设，进行改革开放新的伟大革命，开辟了中国特色社会主义道路。我国社会阶级状况发生了根本的变化。工农联盟更加巩固。知识分子同工人、农民一样是社会主义事业的依靠力量。在人民革命、建设、改革事业中同中国共产党一道前进、一道经受考验并作出重要贡献的各民主党派，已经成为各自所联系的一部分社会主义劳动者、社会主义事业的建设者和拥护社会主义的爱国者的政治联盟，是中国特色社会主义参政党，日益发挥其重要作用。全国各民族已经形成平等团结互助和谐的社会主义民族关系。宗教界的爱国人士积极参加	总纲第五自然段	中华人民共和国成立以后，我国各族人民在中国共产党的领导下，消灭了剥削制度，建立了社会主义制度，推进社会主义建设，进行改革开放新的伟大革命，开辟了中国特色社会主义道路。我国社会阶级状况发生了根本的变化。工农联盟更加巩固。知识分子同工人、农民一样是社会主义事业的依靠力量。在人民革命、建设、改革事业中同中国共产党一道前进、一道经受考验并作出重要贡献的各民主党派，已经成为各自所联系的一部分社会主义劳动者、社会主义事业的建设者和拥护社会主义的爱国者的政治联盟，**是接受中国共产党领导、同中国共产党通力合作的亲密友党，是中国共产党的好参谋、好帮手、好同事，**

续表

修改前内容		修改后内容	
总纲第四自然段	祖国的社会主义建设。非公有制经济人士、新的社会阶层人士等是中国特色社会主义事业的建设者。香港特别行政区同胞、澳门特别行政区同胞、台湾同胞和海外侨胞热爱祖国，拥护祖国统一，支援祖国建设事业。国家事业不断发展，我国的爱国统一战线具有更强大的生命力，仍然是中国人民团结战斗、建设祖国和统一祖国的一个重要法宝，它将更加巩固，更加发展。	总纲第五自然段	是中国特色社会主义参政党，日益发挥其重要作用。全国各民族已经形成平等团结互助和谐的社会主义民族关系。宗教界的爱国人士积极参加祖国的社会主义建设。非公有制经济人士、新的社会阶层人士等是中国特色社会主义事业的建设者。香港特别行政区同胞、澳门特别行政区同胞、台湾同胞和海外侨胞热爱祖国，拥护祖国统一，支援祖国建设事业。国家事业不断发展，我国的爱国统一战线具有更强大的生命力，仍然是中国人民团结**奋**斗、建设祖国和统一祖国的一个重要法宝，它将更加巩固，更加发展。
总纲第五自然段	二〇一二年十一月中国共产党第十八次全国代表大会以来，在新中国成立特别是改革开放以来长期努力的基础上，国家事业发生了历史性变革，中国特色社会主义进入了新时代。我们比历史上任何时期都更接近、更有信心和能力实现中华民族伟大复兴的目标。在现阶段，我国社会主要矛盾是人民日益增长的美好生活需要和不平衡不充分的发展之间的矛盾。但我国仍处于并将长期处于社会主义初级阶段的基本国情没有变，我国是世界最大发展中国家的国际地位没有变。由于国内的因素和国际的影响，我国人民同国内外的敌对势力和敌对分子的斗争还将是长期的，阶级斗争还将在一定范围内长期存在，但已经不是我国社会的主要矛盾。我国各族人民的根本任务是，在中国共产党的领	总纲第六自然段	二〇一二年十一月中国共产党第十八次全国代表大会以来，**中国特色社会主义进入新时代**，在新中国成立特别是改革开放以来长期努力的基础上，国家事业**取得历史性成就**、发生历史性变革，**实现第一个百年奋斗目标，开启了实现第二个百年奋斗目标新征程**。我们比历史上任何时期都更接近、更有信心和能力实现中华民族伟大复兴的目标。在现阶段，我国社会主要矛盾是人民日益增长的美好生活需要和不平衡不充分的发展之间的矛盾。但我国仍处于并将长期处于社会主义初级阶段的基本国情没有变，我国是世界最大发展中国家的国际地位没有变。由于国内的因素和国际的影响，我国人民同国内外的敌对势力和敌对分子的斗争还将是

续表

修改前内容		修改后内容	
总纲第五自然段	导下，沿着中国特色社会主义道路，坚持社会主义初级阶段的基本路线，以经济建设为中心，坚持四项基本原则，坚持改革开放，自力更生，艰苦创业，把我国建设成为富强民主文明和谐美丽的社会主义现代化强国。中国人民政治协商会议要在马克思列宁主义、毛泽东思想、邓小平理论、“三个代表”重要思想、科学发展观、习近平新时代中国特色社会主义思想指引下，高举爱国主义、社会主义旗帜，坚定中国特色社会主义道路自信、理论自信、制度自信、文化自信，坚持大团结大联合，坚持一致性和多样性统一，在热爱中华人民共和国、拥护中国共产党的领导、拥护社会主义事业、共同致力于实现中华民族伟大复兴中国梦的政治基础上，进一步巩固和发展爱国统一战线，调动一切积极因素，团结一切可能团结的人，找到最大公约数，画出最大同心圆，同心同德，群策群力，按照中国特色社会主义事业“五位一体”总体布局和“四个全面”战略布局，维护和发展安定团结的政治局面，不断促进社会主义物质文明、政治文明、精神文明、社会文明、生态文明的协调发展，为实现“两个一百年”奋斗目标、实现中华民族伟大复兴的中国梦而奋斗。	总纲第六自然段	长期的，阶级斗争还将在一定范围内长期存在，但已经不是我国社会的主要矛盾。我国各族人民的根本任务是，在中国共产党的领导下，沿着中国特色社会主义道路，坚持社会主义初级阶段的基本路线，以经济建设为中心，坚持四项基本原则，坚持改革开放，自力更生，艰苦创业，把我国建设成为富强民主文明和谐美丽的社会主义现代化强国，**以中国式现代化全面推进中华民族伟大复兴**。中国人民政治协商会议要在马克思列宁主义、毛泽东思想、邓小平理论、“三个代表”重要思想、科学发展观、习近平新时代中国特色社会主义思想指引下，**坚持中国共产党的全面领导，增强“四个意识”、坚定“四个自信”、做到“两个维护”**，高举爱国主义、社会主义旗帜，坚持大团结大联合，坚持一致性和多样性统一，在热爱中华人民共和国、拥护中国共产党的领导、拥护社会主义事业、共同致力于实现中华民族伟大复兴中国梦的政治基础上，进一步巩固和发展**最广泛的**爱国统一战线，**加强海内外中华儿女大团结**，调动一切积极因素，团结一切可能团结的人，找到最大公约数，画出最大同心圆，同心同德，群策群力，按照中国特色社会主义事业“五位一体”总体布局和“四个全面”战略布局，维护和发展安定团结的政治局面，不断促进社会主义物质文明、政治文明、精神文明、社会文

续表

修改前内容		修改后内容	
			明、生态文明的协调发展，为实现**第二个百年**奋斗目标、实现中华民族伟大复兴的中国梦而团结奋斗。
总纲第七自然段	协商民主是我国社会主义民主政治的特有形式和独特优势。中国人民政治协商会议是社会主义协商民主的重要渠道和专门协商机构，要聚焦国家中心任务，把协商民主贯穿履行职能全过程，完善协商议政内容和形式，着力增进共识、促进团结，在推动协商民主广泛多层制度化发展、推进国家治理体系和治理能力现代化中发挥不可替代的作用。	总纲第八自然段	协商民主是我国社会主义民主政治的特有形式和独特优势。中国人民政治协商会议**坚持中国共产党领导、统一战线、协商民主有机结合，坚持围绕中心、服务大局，坚持发扬民主和增进团结相互贯通、建言资政和凝聚共识双向发力，发挥专门协商机构作用**，把协商民主贯穿履行职能全过程，在推动协商民主广泛多层制度化发展、推进国家治理体系和治理能力现代化中发挥不可替代的作用。
第三条第一款	中国人民政治协商会议全国委员会和地方委员会的主要职能是政治协商、民主监督、参政议政。	第三条第一款	中国人民政治协商会议全国委员会和地方委员会的主要职能是政治协商、民主监督、参政议政，**要把加强思想政治引领、广泛凝聚共识贯穿履职工作之中**。
第四条	中国人民政治协商会议全国委员会和地方委员会应制定年度协商计划。专题议政性常务委员会会议议题、专题协商会议题及其他协商形式的重要议题，应列入年度协商计划，做到协商议题和协商形式相匹配。要综合运用各种形式，集协商、监督、参与、合作于一体，完善以全体会议为龙头，以专题议政性常务委员会会议和专题协商会为重点，以协商座谈会、对口协商会、提案办理协商会等为常态的协商议政格局。	第四条	中国人民政治协商会议全国委员会和地方委员会应制定年度协商计划。专题议政性常务委员会会议议题、专题协商会议题及其他协商形式、**监督形式**的重要议题，应列入年度协商计划，做到协商议题和协商形式相匹配。要综合运用各种形式，集协商、监督、参与、合作于一体，完善以全体会议为龙头，以专题议政性常务委员会会议和专题协商会为重点，以协商座谈会、对口协商会、提案办理协商会等为常态的协商议政格局。

续表

修改前内容		修改后内容	
第五条	中国人民政治协商会议全国委员会和地方委员会贯彻中国共产党的基本理论、基本路线、基本方略，坚持以人民为中心的发展思想，坚持全面依法治国，宣传和执行国家的宪法、法律、法规和各项方针、政策，推动社会力量积极参加社会主义物质文明、政治文明、精神文明、社会文明、生态文明的建设事业，更好满足人民日益增长的美好生活需要，更好推动人的全面发展、社会全面进步。	第五条	中国人民政治协商会议全国委员会和地方委员会贯彻中国共产党的基本理论、基本路线、基本方略，坚持以人民为中心的发展思想，坚持全面依法治国，宣传和执行国家的宪法、法律、法规和各项方针、政策，**坚持总体国家安全观**，推动社会力量积极参加社会主义物质文明、政治文明、精神文明、社会文明、生态文明的建设事业，更好满足人民日益增长的美好生活需要，更好推动人的全面发展、社会全面进步。
第六条	中国人民政治协商会议全国委员会和地方委员会坚持公有制为主体、多种所有制经济共同发展的基本经济制度。毫不动摇地巩固和发展公有制经济，毫不动摇地鼓励、支持、引导非公有制经济发展。坚持按劳分配为主体、多种分配方式并存的分配制度。坚持发展社会主义市场经济，贯彻新发展理念，建设现代化经济体系，发挥市场在资源配置中的决定性作用，更好发挥政府作用，促进社会生产力的解放和发展，逐步实现全体人民共同富裕。	第六条	中国人民政治协商会议全国委员会和地方委员会坚持公有制为主体、多种所有制经济共同发展，**按劳分配为主体、多种分配方式并存，社会主义市场经济体制等**基本经济制度。毫不动摇地巩固和发展公有制经济，毫不动摇地鼓励、支持、引导非公有制经济发展。**把握新发展阶段**，贯彻**创新、协调、绿色、开放、共享的**新发展理念，**加快构建以国内大循环为主体、国内国际双循环相互促进的新发展格局，推动高质量发展**，建设现代化经济体系，发挥市场在资源配置中的决定性作用，更好发挥政府作用，促进社会生产力的解放和发展，逐步实现全体人民共同富裕。

续表

	修改前内容		修改后内容
第七条	中国人民政治协商会议全国委员会和地方委员会密切联系各方面人士，反映他们及其所联系的群众的意见和要求，对国家机关和国家工作人员的工作提出建议和批评，协助国家机关进行机构改革和体制改革，改进工作，提高工作效率，克服形式主义、官僚主义、享乐主义和奢靡之风，加强廉政建设。	第七条	中国人民政治协商会议全国委员会和地方委员会密切联系各方面人士，反映他们及其所联系的群众的意见和要求，对国家机关和国家工作人员的工作提出建议和批评，协助国家机关进行机构改革和体制改革，改进工作，提高工作效率，克服形式主义、官僚主义、享乐主义和奢靡之风，**反对特权思想和特权现象**，加强廉政建设。
第十条第一款	中国人民政治协商会议全国委员会和地方委员会坚持发展科学、繁荣文化的百花齐放、百家争鸣的方针，密切联系国家机关和其他有关组织，在政治、法治、经济、教育、科学技术、文化艺术、新闻出版、医药卫生、体育、环境等方面开展调查研究等活动，广开言路，广开才路，充分发挥委员的专长和作用。	第十条第一款	中国人民政治协商会议全国委员会和地方委员会坚持发展科学、繁荣文化的百花齐放、百家争鸣的方针，密切联系国家机关和其他有关组织，在政治、法治、经济、**农业农村**、**社会**、教育、科学技术、文化艺术、新闻出版、医药卫生、体育、**资源**环境等方面开展调查研究等活动，广开言路，广开才路，充分发挥委员的专长和作用。
第十二条	中国人民政治协商会议全国委员会和地方委员会推动委员自觉学习马克思列宁主义、毛泽东思想、邓小平理论、“三个代表”重要思想、科学发展观、习近平新时代中国特色社会主义思想，组织学习时事政治，学习交流业务和科学技术知识，增强政治把握能力、调查研究能力、联系群众能力、合作共事能力。	第十二条	中国人民政治协商会议全国委员会和地方委员会推动委员自觉学习马克思列宁主义、毛泽东思想、邓小平理论、“三个代表”重要思想、科学发展观、习近平新时代中国特色社会主义思想，组织学习时事政治，**学习中共党史**、**新中国史**、**改革开放史**、**社会主义发展史**，学习交流业务和科学技术知识，增强政治把握能力、调查研究能力、联系群众能力、合作共事能力。

续表

修改前内容		修改后内容	
第十三条第二款	全面准确贯彻"一国两制"、"港人治港"、"澳人治澳"、高度自治的方针，严格依照宪法和基本法办事，加强同香港特别行政区同胞、澳门特别行政区同胞的联系和团结，鼓励他们为保持香港、澳门长期繁荣稳定，为建设祖国和统一祖国作出贡献。	第十三条第二款	全面准确、**坚定不移**贯彻"一国两制"、"港人治港"、"澳人治澳"、高度自治的方针，严格依照宪法和基本法办事，**落实"爱国者治港"、"爱国者治澳"原则**，加强同香港特别行政区同胞、澳门特别行政区同胞的联系和团结，鼓励他们为保持香港、澳门长期繁荣稳定，为建设祖国和统一祖国作出贡献。
第十四条	中国人民政治协商会议全国委员会和地方委员会宣传和协助贯彻执行国家的人才强国战略和知识分子政策，尊重劳动、尊重知识、尊重人才、尊重创造，以利于充分发挥各类人才和知识分子在社会主义现代化建设中的作用。	第十四条	中国人民政治协商会议全国委员会和地方委员会宣传和协助贯彻执行国家的**科教兴国战略**、人才强国战略、**创新驱动发展战略**和知识分子政策，尊重劳动、尊重知识、尊重人才、尊重创造，以利于充分发挥各类人才和知识分子在社会主义现代化建设中的作用。
第十五条	中国人民政治协商会议全国委员会和地方委员会宣传和协助贯彻执行国家的民族政策，反映少数民族的意见和要求，促进发展民族地区的经济、文化、社会和生态保护事业，维护少数民族的合法权利和利益，坚持和完善民族区域自治制度，深化民族团结进步教育，铸牢中华民族共同体意识，加强各民族交往交流交融，巩固和发展平等团结互助和谐的社会主义民族关系，为促进各民族共同团结奋斗、共同繁荣发展，增进各族人民的大团结和维护祖国的统一贡献力量。	第十五条	中国人民政治协商会议全国委员会和地方委员会宣传和协助贯彻执行国家的民族政策，**坚定不移走中国特色解决民族问题的正确道路，坚持和完善民族区域自治制度**，反映少数民族的意见和要求，促进发展民族地区的经济、文化、社会和生态保护事业，维护少数民族的合法权利和利益，深化民族团结进步教育，铸牢中华民族共同体意识，加强各民族交往交流交融，巩固和发展平等团结互助和谐的社会主义民族关系，为促进各民族共同团结奋斗、共同繁荣发展，增进各族人民的大团结和维护祖国的统一贡献力量。

续表

修改前内容		修改后内容	
第十六条	中国人民政治协商会议全国委员会和地方委员会宣传和协助贯彻执行国家的宗教信仰自由政策，支持政府依法管理宗教事务，坚持独立自主自办的原则，积极引导宗教与社会主义社会相适应，坚持我国宗教的中国化方向，团结宗教界爱国人士和宗教信仰者为祖国的建设和统一贡献力量。	第十六条	中国人民政治协商会议全国委员会和地方委员会宣传和协助贯彻执行国家的宗教信仰自由政策，支持政府依法管理宗教事务，坚持独立自主自办的原则，积极引导宗教与社会主义社会相适应，坚持我国宗教中国化方向，团结宗教界爱国人士和宗教信仰者为祖国的建设和统一贡献力量。
第十八条	中国人民政治协商会议全国委员会和地方委员会宣传和协助贯彻执行国家的外交政策，根据具体情况，积极主动地开展人民外交活动，加强同各国人民的友好往来和合作，推动构建人类命运共同体。	第十八条	中国人民政治协商会议全国委员会和地方委员会宣传和协助贯彻执行国家的外交政策，根据具体情况，积极主动地开展人民外交活动，加强同各国人民的友好往来和合作，**弘扬和平、发展、公平、正义、民主、自由的全人类共同价值**，推动构建人类命运共同体。
第三十四条	中国人民政治协商会议全国委员会委员和地方委员会委员要密切联系群众，了解和反映他们的愿望和要求，参加本会组织的会议和活动。	第三十四条	中国人民政治协商会议全国委员会委员和地方委员会委员要**坚持为国履职、为民尽责**，密切联系群众，了解和反映他们的愿望和要求，参加本会组织的会议和活动。
第三十九条	对违纪违法的委员，中国人民政治协商会议全国委员会常务委员会或地方委员会常务委员会应当依照法律和有关规定作出相应处理。	第三十九条	对违纪违法的委员，中国人民政治协商会议全国委员会常务委员会或地方委员会常务委员会应当依照法律和有关规定作出相应处理。**常务委员会组成人员违纪违法的，可由常务委员会依照法律和有关规定作出处理决定，针对不同情形，相关处理决定待召开全体会议予以追认。**

续表

修改前内容		修改后内容	
第四十八条	中国人民政治协商会议全国委员会设副秘书长若干人,协助秘书长进行工作。设立办公厅,在秘书长领导下进行工作。	第四十八条	中国人民政治协商会议全国委员会设副秘书长若干人,协助秘书长工作。设立办公厅,在秘书长领导下进行工作。
第四十九条	中国人民政治协商会议全国委员会根据工作需要,设立若干专门委员会及其他工作机构,由常务委员会决定。专门委员会在工作中应发挥基础性作用。	第四十九条	中国人民政治协商会议全国委员会根据工作需要,设立若干专门委员会及其他工作机构。专门委员会在**常务委员会和主席会议领导下进行工作**,发挥基础性作用。
第五十二条	中国人民政治协商会议的省、自治区、直辖市、自治州、设区的市、县、自治县、不设区的市和市辖区的地方委员会每届任期五年。	第五十二条	中国人民政治协商会议**各级**地方委员会每届任期五年。

关于中国人民政治协商会议章程修正案(草案)的说明

（2023 年 3 月 7 日）

巴　特　尔

以习近平同志为核心的中共中央高度重视人民政协事业发展,对启动政协章程修改作出部署。贯彻中共中央部署要求,对政协章程进行适当修改,是更好坚持和完善中国共产党领导的多党合作和政治协商制度、加强人民政协制度建设和自身建设的一件大事。全国政协精心组织,成立章程修改工作小组,做好具体落实工作。遵照中共中央批准的指导思想、基本原则,在广泛征求意见的基础上,经反复研究、按程序审议后,形成了《中国人民政治协商会议章程修正案(草案)》(以下简称《草案》)。现说明如下。

一、政协章程修改工作情况

政协章程是参加人民政协的各党派团体和各族各界人

士共同的行为准则，是各级政协设立组织、开展工作的基本依据。现行政协章程是1982年12月全国政协五届五次会议通过的，并于1994年、2000年、2004年、2018年作过四次修订，总体上适应人民政协工作需要。同时，历史经验也充分证明，政协章程只有不断适应新形势、作出新规范，才能更好发挥作用、推动人民政协事业发展。

落实中共中央部署，全国政协把修改政协章程作为重点工作和政治任务。2022年初及时启动筹备工作，认真学习贯彻习近平新时代中国特色社会主义思想，深入贯彻中共十九大、二十大精神，对人民政协学习贯彻习近平总书记关于加强和改进人民政协工作的重要思想、推进工作创新发展和制度建设的重要成果进行梳理，扎实做好相关研究和筹备工作。9月初，中共中央批准全国政协党组关于修改政协章程部分内容的请示。11月2日，全国政协十三届常委会第二十四次会议审议通过了关于部分修改政协章程的决定。

在此之后，有序组织向各民主党派中央和全国工商联、有关人民团体、全国政协各专门委员会、各省级政协和全体全国政协委员征求意见工作。11月至12月，全国政协领导同志先后主持召开5场座谈会，广泛听取意见建议。在认真研究各方面意见建议的基础上，提出了章程修正案稿。12月上中旬，全国政协党组会议、主席会议研究审议并修改形成章程修正案草案稿。随后，再次向各民主党派中央和全国工商联、有关人民团体、中央和国家机关有关部门以及各省级政协和全国政协常委书面征求意见。各方面共反馈书面材料132份，提出意见981条，梳理归并后为218条。在逐条认真研究基础上，修改了36处，涵盖意见151条。12月30日，全国政协党组会议对章程修正案草案稿作进一步研究，修改后上报中共中央。习近平总书记主持召开中共中央政治局常委会会议审议并原则同意《草案》稿。2023年1月17日，全国政协十三届常委会第二十五次会议审议通过《草案》，并决定提交中国人民政治协商会议第十四届全国委员会第一次会议审议。

二、政协章程修改工作原则

经中共中央批准，这次政协章程修改工作原则为：一是坚持马克思列宁主义、毛泽东思想、邓小平理论、“三个代表”重要思想、科学发展观，全面贯彻习近平新时代中国特色社会主义思想，贯彻落实中共二十大精神，深入贯彻习近平总书记关于加强和改进人民政协工作的重要思想，深刻领悟“两个确立”的决定性意义，增强“四个意识”、坚定“四个自信”、做到“两个维护”；二是坚持中国共产党的全面领导和中共中央集中统一领导，准确把握人民政协性质定位，坚持和完善中国共产党领导的多党合作和政治协商制度，践行全过程人民民主理念，发挥人民政协作为专门协商机构作用，更好服务党和国家工作大局；三是充分体现马克思主义中国化时代化最新成果，体现中共十九大以来中共中央关于人民政协工作的新部署新要求，体现上次政协章程修改以来中国共产党领导人民政协事业创新发展的重要成果；四是充分发扬民主，广泛征求意见；五是注重同中共二十大通过的《中国共产党章程（修正案）》相衔接，在一些重大提法上保持一致；六是保持政协章程总体稳定，只修改那些必须改的，适当充实各方面已经形成共识、为实践证明是成熟的内容，不成熟的不改，可改可不改的不改。

三、政协章程拟修改的主要内容

按照这个草案，修改后的政协章程总体保持稳定，结构不变，内容上主要是把中共十九大以来习近平新时代中国特色社会主义思想新发展写入章程，把中共二十大提出的重要思想、重要观点、重大战略、重大举措和中共中央关于人民政协工作的重要决策部署体现到章程中。

（一）**充实坚持中国共产党的全面领导的内容**。中国共产党是领导我们事业的核心力量。坚持中国共产党的全面领导是坚持和发展中国特色社会主义的必由之路，是人民政协必须恪守的根本政治原则。坚持加强中国共产党的全面领导和中共中央集中统一领导，是新时代十年伟大变革的根本政治保证。把握这一原则要求，《草案》在总纲原第五自然段中，增写坚持中国共产党的全面领导，增强“四个意识”、坚定“四个自信”、做到“两个维护”。充实这些内容，有利于更好把握人民政协这一制度安排和政治组织最本质的特征，引导参加人民政协的各党派团体和各族各界人士深刻领悟“两个确立”的决定性意义，全面贯彻习近平新时代中国特色社会主义思想，共同落实以习近平同志为核心的中共中央对人民政协的领导和对人民政协工作的各项要求。

（二）**增写以中国式现代化全面推进中华民族伟大复兴相关内容**。习近平总书记在庆祝中国共产党成立一百周年大会上代表党和人民庄严宣告实现了第一个百年奋斗目标，中共二十大提出以中国式现代化全面推进中华民族伟大复兴，并将此确定为新时代新征程中国共产党的中心任务。《草案》据此作出相应修改，增写实现第一个百年奋斗目标，开启了实现第二个百年奋斗目标新征程，以中国式现代化全面推进中华民族伟大复兴，为实现第二个百年奋斗目标而团结奋斗等内容。作这样的充实完善，有利于引导参加人民政协的各党派团体和各族各界人士进一步把思想和行动统一到中共中央科学判断和决策部署上来，牢记“国之大者”、践行履职为民，为实现第二个百年奋斗目标、实现中华民族伟大复兴的中国梦贡献智慧和力量。

（三）**增加体现中共中央关于人民政协工作新部署新要求的内容**。中共十九大以来，以习近平同志为核心的中共中央进一步加强对人民政协工作的全面领导，就加强和改进人民政协工作提出一系列新要求，为新时代人民政协事业发展提供了遵循。贯彻和体现相关部署要求，《草案》在章程总纲第二自然段后增加一段，内容为：“中国人民政治协商会议是中国共产党把马克思列宁主义统一战线理论、政党理论、民主政治理论同中国具体实际相结合、同中华优秀传统文化相结合的伟大成果，是中国共产党领导各民主党派、无党派人士、人民团体和各族各界人士在政治制度上进行的伟大创造。”在章程总纲原第七自然段中，增写坚持中国共产党领导、统一战线、协商民主有机结合，坚持围绕中心、服务大局，坚持发扬民主和增进团结相互贯通、建言资政和凝聚共识双向发力，发挥专门协商机构作用。丰富充实这些内容，有利于更好认识把握人民政协的理论基础、实践基础、文化基础、制度基础的深刻内涵，把握团结和民主两大主题，把握人民政协的履职原则，强化新时代使命担当，进一步发挥好人民政协在我国政治生活和国家治理体系中的作用。

（四）充实人民政协性质定位表述等内容。准确把握人民政协性质定位，坚定不移走中国特色社会主义政治发展道路，对于把人民政协制度坚持好、把人民政协事业发展好至关重要。贯彻中共二十大作出的重要部署，吸收落实中央政协工作会议精神取得的重要成果，《草案》对章程总纲和第一章工作总则相关内容作了充实完善。在总纲原第三自然段中，将我国政治生活中发扬社会主义民主的重要形式充实为我国政治生活中发扬社会主义民主、实践全过程人民民主的重要形式，将原第七自然段中社会主义协商民主的重要渠道和专门协商机构调整至此处。在第一章第三条第一款阐述主要职能是政治协商、民主监督、参政议政后，增加要把加强思想政治引领、广泛凝聚共识贯穿履职工作之中；在第四条阐述其他协商形式后增加监督形式。充实这些内容和表述，秉承历史传统、反映时代特征，有利于人民政协准确把握性质定位，提高政治协商、民主监督、参政议政水平，更好凝聚共识，在践行全过程人民民主、增进大团结大联合、推进国家治理体系和治理能力现代化中发挥积极作用。

（五）充实完善“五位一体”总体布局和“四个全面”战略布局等方面的内容。中共二十大对统筹推进“五位一体”总体布局、协调推进“四个全面”战略布局作出了全面部署。《草案》据此对章程第一章有关内容进行了充实。在章程第五条中增写坚持总体国家安全观；在第六条中完善社会主义基本经济制度的表述，增写把握新发展阶段，贯彻创新、协调、绿色、开放、共享的新发展理念，加快构建以国内大循环为主体、国内国际双循环相互促进的新发展格局，推动高质量发展；在第七条中增写反对特权思想和特权现象；在第十条第一款中增写和完善农业农村、社会、资源环境；在第十四条中增写科教兴国战略、创新驱动发展战略；在第十八条中增写弘扬和平、发展、公平、正义、民主、自由的全人类共同价值。充实这些内容，有利于人民政协把握新时代新征程的新任务新要求，在中国特色社会主义事业全局中推进和落实各项工作，紧扣“五位一体”总体布局和“四个全面”战略布局履职尽责，为服务党和国家工作大局作出新贡献。

（六）**增加体现团结奋斗时代要求的内容**。团结就是力量，团结才能胜利。统一战线是凝聚人心、汇聚力量的强大法宝。贯彻习近平总书记关于做好新时代党的统一战线工作的重要思想、关于加强和改进人民政协工作的重要思想，《草案》对章程总纲和第一章工作总则相关内容作了充实完善。在总纲原第四自然段中，已经成为各自所联系的一部分社会主义劳动者、社会主义事业的建设者和拥护社会主义的爱国者的政治联盟后，增写是接受中国共产党领导、同中国共产党通力合作的亲密友党，是中国共产党的好参谋、好帮手、好同事；在总纲原第五自然段中，增写和完善进一步巩固和发展最广泛的爱国统一战线，加强海内外中华儿女大团结；在第一章第十三条第二款中增写落实"爱国者治港"、"爱国者治澳"原则；在第十五条中增写坚定不移走中国特色解决民族问题的正确道路；在第十六条中，将坚持我国宗教的中国化方向修改为坚持我国宗教中国化方向。作出这些修改完善，有利于人民政协发挥统一战线组织功能，积极促进政党关系、民族关系、宗教关系、阶层关系、海内外同胞关系和谐，推动更好围绕实现中华民族伟大复兴中国梦一起来想、一起来干。

（七）**充实强化委员责任担当等内容**。政协委员是人民政协工作的主体。政协委员作为各党派团体和各族各界代表人士，由各方面郑重协商产生，代表各界群众参与国是、履行职责。这是荣誉，更是责任。进一步落实"懂政协、会协商、善议政，守纪律、讲规矩、重品行"的要求，《草案》对章程第一章和第三章有关内容作了完善。在第一章第十二条中增写学习中共党史、新中国史、改革开放史、社会主义发展史;在第三章第三十四条中增写坚持为国履职、为民尽责;在第三十九条末尾增写对常务委员会组成人员违纪违法的相关处理决定等内容。充实这些内容,有利于加强政协履职能力建设和委员队伍建设,引导委员更好把事业放在心上、把责任扛在肩上,当好人民政协制度参与者、实践者、推动者。

此外,还对一些文字和提法作了修改完善。比如,将协助秘书长进行工作修改为协助秘书长工作,将中国人民政治协商会议的省、自治区、直辖市、自治州、设区的市、县、自治县、不设区的市和市辖区的地方委员会每届任期五年修改为中国人民政治协商会议各级地方委员会每届任期五年,等等。

全国政协办公厅负责人就《中国人民政治协商会议章程修正案》答记者问

2023 年 3 月 11 日，中国人民政治协商会议第十四届全国委员会第一次会议通过了《中国人民政治协商会议章程修正案》。日前，全国政协办公厅负责人接受采访，就有关情况回答记者提问。

问：请谈谈这次修改政协章程的主要考虑和工作原则。

答：现行政协章程是 1982 年 12 月全国政协五届五次会议通过的，并于 1994 年、2000 年、2004 年、2018 年作过四次修订，总体上适应人民政协工作需要。同时，历史经验也充分证明，政协章程只有不断适应新形势、充实新内容、作出新规范，才能更好发挥作用、推动人民政协事业发展。这次修改政协章程，是人民政协深入学习贯彻中国共产党的创新理论的需要，是贯彻落实中共二十大精神和中共中央关于人民政协工作的新部署新要求的需要，是更好服务以中国式现代化全面推进中华民族伟大复兴的使命任务的需要。

经中共中央批准,这次政协章程修改工作原则为:一是坚持马克思列宁主义、毛泽东思想、邓小平理论、“三个代表”重要思想、科学发展观,全面贯彻习近平新时代中国特色社会主义思想,贯彻落实中共二十大精神,深入贯彻习近平总书记关于加强和改进人民政协工作的重要思想,深刻领悟“两个确立”的决定性意义,增强“四个意识”、坚定“四个自信”、做到“两个维护”;二是坚持中国共产党的全面领导和中共中央集中统一领导,准确把握人民政协性质定位,坚持和完善中国共产党领导的多党合作和政治协商制度,践行全过程人民民主理念,发挥人民政协作为专门协商机构作用,更好服务党和国家工作大局;三是充分体现马克思主义中国化时代化最新成果,体现中共十九大以来中共中央关于人民政协工作的新部署新要求,体现上次政协章程修改以来中国共产党领导人民政协事业创新发展的重要成果;四是充分发扬民主,广泛征求意见;五是注重同中共二十大通过的《中国共产党章程(修正案)》相衔接,在一些重大提法上保持一致;六是保持政协章程总体稳定,只修改那些必须改的,适当充实各方面已经形成共识、为实践证明是成熟的内容,不成熟的不改,可改可不改的不改。

问:请介绍一下这次修改政协章程的过程和意义。

答:以习近平同志为核心的中共中央对启动政协章程修改作出部署。全国政协认真落实中共中央部署,把修改政协章程作为重点工作和政治任务,深入学习贯彻习近平新时代中国特色社会主义思想,贯彻中共十九大、二十大精神，深刻领悟“两个确立”的决定性意义，增强“四个意识”、坚定“四个自信”、做到“两个维护”，把牢正确政治方向。2022 年 9 月初，中共中央批准全国政协党组关于修改政协章程部分内容的请示。11 月 2 日，全国政协十三届常委会第二十四次会议审议通过了关于部分修改政协章程的决定。十三届全国政协成立由张庆黎副主席为组长、李斌副主席兼秘书长为副组长的章程修改工作小组，做好相关落实工作。坚持充分发扬民主，广泛征求意见，在此基础上提出政协章程修正案稿。全国政协党组会议、主席会议研究审议形成政协章程修正案草案稿，并向有关方面书面征求意见。共收到书面反馈材料 132 份，提出的意见 981 条，经梳理归并后为 218 条。在逐条认真研究基础上，修改 36 处，涵盖意见 151 条。全国政协党组会议作进一步研究，修改后上报中共中央。中共中央原则同意政协章程修正案草案稿。2023 年 1 月 17 日，全国政协十三届常委会第二十五次会议审议通过政协章程修正案草案，并决定提交全国政协十四届一次会议审议。

全国政协十四届一次会议于 3 月 7 日听取十三届全国政协副主席巴特尔同志关于政协章程修正案草案的说明，8 日进行分组审议。委员们赞同政协章程修正案草案，同时提出一些修改意见。经认真研究，作了修改完善。11 日，全国政协十四届一次会议闭幕会上表决通过了关于政协章程修正案的决议。

这次政协章程的修改，对于坚持中国共产党的全面领导，坚持和完善中国共产党领导的多党合作和政治协商制度，践行全过程人民民主，巩固和发展最广泛的爱国统一战线，把人民政协制度坚持好、把人民政协事业发展好，具有重要意义。

问：请谈谈政协章程修正案是如何贯彻落实中共二十大作出的重要部署的。

答：这次修改政协章程，坚持以习近平新时代中国特色社会主义思想为指导，贯彻落实中共二十大精神，充分体现中共二十大提出的重要思想、重要观点、重大战略、重大举措。政协章程修正案在总纲中增写实现第一个百年奋斗目标，开启了实现第二个百年奋斗目标新征程，以中国式现代化全面推进中华民族伟大复兴，为实现第二个百年奋斗目标而团结奋斗等内容。同时，在工作总则中增写把握新发展阶段，贯彻创新、协调、绿色、开放、共享的新发展理念，加快构建以国内大循环为主体、国内国际双循环相互促进的新发展格局，推动高质量发展；坚持总体国家安全观；宣传和协助贯彻执行科教兴国战略、创新驱动发展战略；反对特权思想和特权现象；弘扬和平、发展、公平、正义、民主、自由的全人类共同价值等内容。充实这些内容，有利于引导参加人民政协的各党派团体和各族各界人士进一步把思想和行动统一到中共中央决策部署上来，把智慧和力量凝聚到实现中共二十大确定的目标任务上来，紧扣“五位一体”总体布局和“四个全面”战略布局履职尽责，为服务党和国家工作大局作出新贡献。

问：如何理解政协章程修正案充实坚持中国共产党的全面领导方面的内容。

答：中国共产党是领导我们事业的核心力量。坚持中国共产党的全面领导是坚持和发展中国特色社会主义的必由之路，是人民政协必须恪守的根本政治原则。坚持加强中国共产党的全面领导和中共中央集中统一领导，是新时代十年伟大变革的根本政治保证。政协章程修正案在总纲中增写坚持中国共产党的全面领导，增强"四个意识"、坚定"四个自信"、做到"两个维护"。充实这些内容，反映了参加人民政协的各党派团体、各族各界人士的共同意愿，有利于更好把握人民政协这一制度安排和政治组织最本质的特征，深刻领悟"两个确立"的决定性意义，全面贯彻习近平新时代中国特色社会主义思想，进一步打牢共同思想政治基础，把坚持中国共产党的全面领导贯穿到政协全部工作之中，不忘初心、牢记使命，切实担负起把以习近平同志为核心的中共中央决策部署和对人民政协工作要求落实下去、把海内外中华儿女智慧和力量凝聚起来的政治责任，为全面建设社会主义现代化国家、全面推进中华民族伟大复兴而团结奋斗。

问：政协章程修正案在把握人民政协性质定位、更好履职尽责等方面作了哪些充实。

答：准确把握人民政协性质定位，坚定不移走中国特色社会主义政治发展道路，对于把人民政协制度坚持好、把人民政协事业发展好至关重要。政协章程修正案将总纲原第三自然段中人民政协“是我国政治生活中发扬社会主义民主的重要形式”充实为“是我国政治生活中发扬社会主义民主、实践全过程人民民主的重要形式”，将总纲原第七自然段中“是社会主义协商民主的重要渠道和专门协商机构”调整至此处。同时，在总纲中增写一个自然段：“中国人民政治协商会议是中国共产党把马克思列宁主义统一战线理论、政党理论、民主政治理论同中国具体实际相结合、同中华优秀传统文化相结合的伟大成果，是中国共产党领导各民主党派、无党派人士、人民团体和各族各界人士在政治制度上进行的伟大创造。”增写坚持中国共产党领导、统一战线、协商民主有机结合，坚持围绕中心、服务大局，坚持发扬民主和增进团结相互贯通、建言资政和凝聚共识双向发力，发挥专门协商机构作用。在工作总则中增写要把加强思想政治引领、广泛凝聚共识贯穿履职工作之中；将监督形式的重要议题列入年度协商计划。充实这些内容和表述，秉承历史传统、反映时代特征，有利于进一步强化思想理论武装，准确把握人民政协性质定位，紧扣党和国家中心任务履职尽责，提高政治协商、民主监督、参政议政水平，更好凝聚共识，在践行全过程人民民主、增进大团结大联合、推进国家治理体系和治理能力现代化中发挥积极作用。

问：政协章程修正案在统一战线方面充实了哪些内容。

答：统一战线是凝聚人心、汇聚力量的强大法宝。政协章程修正案增写各民主党派是接受中国共产党领导、同中国共产党通力合作的亲密友党，是中国共产党的好参谋、好帮手、好同事；进一步巩固和发展最广泛的爱国统一战线，加强海内外中华儿女大团结；落实“爱国者治港”、“爱国者治澳”原则；坚定不移走中国特色解决民族问题的正确道路等内容。增写这些内容，有利于人民政协发挥统一战线组织功能，把握团结奋斗的时代要求，积极促进政党关系、民族关系、宗教关系、阶层关系、海内外同胞关系和谐，推动更好围绕实现中华民族伟大复兴中国梦一起来想、一起来干。

问：政协章程修正案对强化政协委员责任担当充实了哪些内容。

答：政协委员是人民政协工作的主体。政协委员作为各党派团体和各族各界代表人士，由各方面郑重协商产生，代表各界群众参与国是、履行职责。这是荣誉，更是责任。政协章程修正案在工作总则中增写学习中共党史、新中国史、改革开放史、社会主义发展史；在委员一章中增写坚持为国履职、为民尽责，增写对常务委员会组成人员违纪违法的相关处理决定等内容。充实这些内容，有利于加强政协履职能力建设和委员队伍建设，落实好“懂政协、会协商、善议政，守纪律、讲规矩、重品行”的要求，引导委员更好把事业放在心上、把责任扛在肩上，当好人民政协制度参与者、实践者、推动者。

（新华社北京2023年3月18日电）

中国人民政治协商会议第十四届全国委员会第一次会议关于提案工作情况报告的决议

（2023 年 3 月 11 日政协第十四届
全国委员会第一次会议通过）

中国人民政治协商会议第十四届全国委员会第一次会议，批准邵鸿同志代表政协第十三届全国委员会常务委员会所作的关于提案工作情况的报告。

中国人民政治协商会议全国委员会常务委员会关于提案工作情况的报告

——在政协第十四届全国委员会第一次会议上

（2023 年 3 月 4 日）

邵　　鸿

各位委员：

我受中国人民政治协商会议第十三届全国委员会常务委员会委托，向大会报告十三届政协提案工作情况，请予审议。

一

十三届全国政协期间，政协委员、政协各参加单位和各专门委员会，坚持以习近平新时代中国特色社会主义思想为指导，认真贯彻落实中共十九大、二十大及中央政协工作会议精神，按照统筹推进“五位一体”总体布局和协调推进

“四个全面”战略布局要求，紧扣“国之大者”、民之关切提出提案，建真言、出实招、聚共识。五年来，共收到提案29323件，经审查立案23818件。在立案提案中，委员提案21520件，集体提案2298件，其中各民主党派中央、全国工商联、无党派人士界别提案1812件。截至2023年2月底，99.8%的提案已经办复。全国政协会同有关方面深入开展协商，提案中的许多意见建议已体现到相关规划政策和举措中，充分发挥政协提案在发展全过程人民民主、推动经济社会发展中的优势和作用，为实现第一个百年奋斗目标，迈上全面建设社会主义现代化国家新征程，向第二个百年奋斗目标进军，贡献了智慧和力量。

经济建设方面，围绕贯彻新发展理念、构建新发展格局、推进高质量发展等重大战略部署提出提案9500余件。其中，推进精准扶贫精准脱贫、巩固拓展脱贫攻坚成果同乡村振兴有效衔接等提案，为打赢脱贫攻坚战、全面建成小康社会发挥了积极作用。实施供给侧结构性改革、深化国资国企改革、促进民营经济发展、防范化解金融风险等提案，为加快构建高水平社会主义市场经济体制献计出力。发展壮大战略性新兴产业、打造先进制造业集群、促进数字经济和实体经济深度融合的提案，助力建设现代化产业体系。有关京津冀协同发展、长三角一体化发展、粤港澳大湾区建设、革命老区建设等区域发展战略的提案，促进相关政策落地见效。推动共建“一带一路”、加快建设西部陆海新通道、加快建设海南自由贸易港等提案，为畅通国内国际双循环、推进高水平对外开放提供了重要参考。

政治建设方面，紧扣扎实推进全过程人民民主、全面依法治国、贯彻总体国家安全观、推进全面从严治党等重点领域提出提案2400余件。其中，加强民主党派专项民主监督工作、铸牢中华民族共同体意识、治理宗教领域商业化、拓宽有序参与基层治理渠道等提案，为推进社会主义民主政治建设、巩固发展爱国统一战线凝心聚力。保障《民法典》顺利实施、推进刑事诉讼制度改革、加强个人信息保护、完善涉外法治体系等提案，助力建设社会主义法治国家。加强新时代边海防工作、加强储备设施和应急能力建设、提高生物安全治理能力、提升全民网络安全意识、健全城乡社区治理体系等提案，为维护国家安全和社会稳定献计出力。扎实开展“四风”纠治、推动反腐败斗争向纵深发展等提案，有针对性地为全面从严治党建言。为坚持和完善“一国两制”，推进祖国统一，提出坚决维护香港、澳门特别行政区宪制秩序、深化两岸各领域融合发展等提案。

文化建设方面，聚焦增强文化自信、践行社会主义核心价值观、传承中华优秀传统文化、繁荣发展社会主义文艺等时代主题提出提案2100余件。其中，加强革命文物和红色遗址保护利用、长效化开展“四史”宣传教育、发挥学校思想政治教育主渠道作用、改进全民国防教育工作等提案，助推中国特色社会主义共同理想深入人心。培育社会主义家庭文明新风尚、弘扬劳模精神和工匠精神、常态化推进厉行勤俭节约、深化全民阅读活动等提案，为提高全社会文明程度提供有益参考。创作更多以人民为中心的优秀文艺作品、支持数字文创产业发展、持续推进大运河等国家文化公园建设、办好北京冬奥会和冬残奥会等提案，为发展文化事业、建设体育强国发挥了积极作用。深化中华文明探源研究、加强历史文化保护传承等提案，助力提升国家文化软实力和中华文化影响力。

社会建设方面，聚焦增进民生福祉、提高公共服务水平、扎实推进共同富裕、深入实施科教兴国战略、全方位改善人民生活等民之关切问题提出提案 7000 余件。其中，充分发挥灵活就业作用、切实维护劳动者分配权益、健全退役军人安置和就业制度、完善缩小居民收入差距政策体系等提案，助力不断实现人民对美好生活的向往。推动高水平科技自立自强、加强基础研究和原始创新、打赢关键核心技术攻坚战、提升国家创新体系整体效能等提案，为深入实施科教兴国和创新驱动发展战略贡献力量。深化新时代教育评价改革、加快完善“双减”配套措施、加强高等教育跨学科人才培养、激发人才创新创业活力等提案，有效推动相关政策落地实施，为加快建设教育强国、人才强国发挥积极作用。完善多层次养老保险体系、提升基层医疗服务能力、加大中医药资源发掘和保护、加快建立租购并举住房制度、加强妇女儿童权益保护、系统构建生育支持政策等提案，为积极回应民生关切、解决好人民群众急难愁盼问题贡献了力量。

生态文明建设方面，围绕推动绿色低碳发展、践行绿水青山就是金山银山的理念、推进美丽中国建设等战略要求提出提案1400余件。其中,完善重点流域生态保护和补偿机制、构建国土空间治理体系、加强青藏高原生态环境保护与气候研究、统筹林草植被保护修复等提案,积极为山水林田湖草沙一体化保护和系统治理建言。优化能源结构、推动新能源有序发展、推进多式联运交通绿色低碳转型、促进各类资源节约集约利用等提案,为积极稳妥推进碳达峰碳中和提供了有价值的建议。重视新污染物治理、优化各类废弃物利用等提案,在强化危险废物监管和利用处置能力等政策文件中得到体现。

围绕统筹疫情防控和经济社会发展,及时提出加强常态化疫情防控制度建设、加大药物和疫苗研发力度、加强口岸检疫、重点产业复工复产、加大对中小微企业扶持力度等提案,为精准防控、高效统筹贡献政协力量。还有一些提案就国防和军队现代化建设、推动构建人类命运共同体等提出了意见和建议,为推动相关工作发挥了积极作用。

2022年,政协委员、政协各参加单位和各专门委员会重点围绕完整、准确、全面贯彻新发展理念,“十四五”规划实施等,提出提案6173件,立案提案5079件。评选表彰十三届全国政协优秀提案248件和先进承办单位46个。

二

十三届全国政协常委会深入学习贯彻中共中央决策部署,扎实推进提案工作实践、理论、制度创新,提案工作取得新成效、迈上新台阶。

（一）**加强政治引领，确保正确工作方向**。坚持中国共产党的全面领导，深入学习贯彻习近平总书记关于加强和改进人民政协工作的重要思想，贯彻落实习近平总书记关于提案工作的重要指示精神，深刻领悟“两个确立”的决定性意义，自觉把增强“四个意识”、坚定“四个自信”、做到“两个维护”体现到提案工作全过程各环节。加强对提案工作重大理论和实践问题的研究，组织召开全国地方政协提案工作经验交流座谈会等，开展常态化长效化的理论学习、业务研讨，不断深化规律性认识，系统总结成功经验和有效做法，编写“新时代提案工作丛书”，推动提案工作与时俱进。

（二）**突出着力重点，持续提高提案质量**。坚持“提案不在多而在精”的原则，制定提高提案质量的意见，引导广大政协委员和政协各参加单位以问题为导向，加强与界别群众联系，在深化研究上下功夫，努力促进提案有理有据、切实可行。将平时提案纳入重点提案遴选并开展督办，增强提案工作针对性、时效性。提案办理质量和服务质量进一步提高，同向发力、相互促进，有力助推了人民政协制度优势转化成为国家治理效能。

（三）**把握特点规律，不断健全制度机制**。建立健全以提案工作条例为主干，提案审查工作细则等若干专项规定程序衔接、相互配套的提案工作制度体系，提案工作各环节都有规可依、有章可循。完善主席会议研究确定重点提案、主席会议成员牵头督办重点提案、主席会议听取年度重点提案督办情况汇报机制，形成办公厅统筹协调、各专门委员会分工协作的工作格局，将重点提案督办与双周协商座谈会、视察调研等有机结合，累计督办重点提案312项。围绕农产品质量安全追溯体系建设、空域精细化改革等重点提案开展跟踪督办，逐年深化、推动落实。完善各民主党派以本党派名义在政协提出提案等机制性安排，探索建立工作会商平台，研究推进提案选题论证、协同督办等各项工作。

（四）**加强协同联动，彰显政协协商优势**。将协商民主贯穿提案工作全过程，开展多层次多形式的协商，深化提办双方常态化沟通交流，达到提得认真、商得深入、办得满意的效果。坚持建言资政和凝聚共识双向发力，引导广大政协委员深刻理解通过提案推动工作、促进问题解决是成效，在办理中深化认识、增进共识是成效，所提建议启发思路、为下一步解决问题创造条件也是成效。

（五）**积极实践探索，切实推进工作创新**。加强统筹谋划，研究确定提案工作五年总体思路，每年一个重点，有力有序推进。建设智能提案系统，实现提案提、立、办、督、评全流程网上运行，为委员提供更加便利、快捷、智能化的履职平台。推动委员读书活动成果转化为提案，实现学习与履职相互促进。评选表彰70年来100件有影响力重要提案，编辑出版《100件有影响力重要提案的故事》，生动展现政协委员通过提案履职风采和党政部门办理提案成效。

取得成绩的同时，我们也要看到，在持续提高提案工作质量、拓宽提案者知情明政渠道、发挥提案的民主监督作用等方面，还需要进一步加强和改进。

三

做好新时代提案工作，是践行全过程人民民主理念、为党和国家事业发展广泛凝聚智慧的生动实践，责任重大，使命光荣。我们要全面贯彻落实中共二十大精神，强化责任担当，扎实履职尽责，创新方式方法，推动提质增效，更好发挥人民政协在推进国家治理体系和治理能力现代化中的作用。

（一）**深入学习贯彻中共二十大精神**。紧扣中共二十大的重大战略部署和目标任务，聚焦中国式现代化建设中的重点难点问题和事关人民群众切身利益的问题，引导广大政协委员精准选题、深入调研、务实建言，提出有见地、高质量的提案，助力推进补短板、强弱项、固底板、扬优势各项工作，更好服务新时代新征程党和国家中心任务。

（二）**不断提高工作质量**。依据政协章程，适时对现有制度进行修订完善，深化规律性认识和制度保障。围绕持续提高提案质量、提案办理质量、提案服务质量，推进理论研究和实践探索，加强制度化、规范化、程序化等功能建设，努力开创提案工作新局面。

（三）**创新完善工作机制**。丰富提案办理协商内容，不断创新协商形式。重视发挥提案监督作用，增加重点提案中监督性提案的比重。探索建立提案办理情况督查检查制度。优化智能提案系统，促进信息技术与提案工作有机结合，努力形成更为完善的提案工作机制。

同志们，新时代新征程上人民政协事业前景广阔，人民政协提案工作大有可为。让我们更加紧密地团结在以习近平同志为核心的中共中央周围，全面贯彻习近平新时代中国特色社会主义思想，务实进取、守正创新，不断推动提案工作高质量发展，为全面建设社会主义现代化国家、全面推进中华民族伟大复兴而团结奋斗！

中国人民政治协商会议第十四届全国委员会第一次会议提案审查委员会关于政协十四届一次会议提案审查情况的报告

（2023年3月11日政协第十四届全国委员会第一次会议通过）

全国政协十四届一次会议期间，政协委员、政协各参加单位以习近平新时代中国特色社会主义思想为指导，全面贯彻中共二十大精神，围绕扎实推进中国式现代化，为全面建设社会主义现代化国家开好局起好步，积极通过提案建言资政、发挥作用。

截至3月5日20时，共收到提案5399件。依据《中国人民政治协商会议全国委员会提案工作条例》和提案审查工作细则，经审查，立案4689件，并案82件，转为意见和建议628件。

立案提案中，委员提案4234件，占90.3%；各民主党派、人民团体和界别、委员小组等提案455件,占9.7%。其中,经济建设方面提案1989件,占42.4%;政治建设方面提案412件,占8.8%;文化建设方面提案341件,占7.3%;社会建设方面提案1339件,占28.5%;生态文明建设方面提案608件,占13%。

本次会议提案有以下特点:一是提案围绕统筹推进"五位一体"总体布局、协调推进"四个全面"战略布局,聚焦完整准确全面贯彻新发展理念、加快构建新发展格局、着力推动高质量发展,着眼保障和改善民生,为强信心、稳预期、聚合力、开新局积极建言。二是委员们强化为国履职、为民尽责的责任担当,注重从专业所长、优势所在、发展所需精准选题、深入调研、提出建议,共有1973位委员提交提案,提案整体质量明显提高。三是提案工作信息化水平进一步提升,首次实现提案100%网上提交。

大会闭幕后,提案将送交承办单位办理。本次大会提案截止日期以后收到的提案,审查立案后作为平时提案交承办单位办理。

中国人民政治协商会议第十四届全国委员会主席、副主席、秘书长、常务委员名单

（2023 年 3 月 10 日政协第十四届
全国委员会第一次会议通过）

一、主　席

王沪宁

二、副主席（23 名）

石泰峰　胡春华　沈跃跃（女）　王　勇　周　强
帕巴拉·格列朗杰（藏族）　何厚铧　梁振英
巴特尔（蒙古族）　苏　辉（女）　邵　鸿
高云龙　陈　武（壮族）　穆　虹　咸　辉（女，回族）
王东峰　姜信治　蒋作君　何报翔　王光谦
秦博勇（女）　朱永新　杨　震

三、秘书长

王东峰（兼）

四、常务委员(299 名,按姓氏笔画排序)

乙晓光　丁世忠(回族)　万建民　马文亮(哈尼族)
马军胜　马建堂　王　宁(中共界)　王　军
王　辰　王　俊　王　绚(女)　王　锐　王　路
王　飚(侗族)　王世杰　王尔乘　王红玲(女)
王志刚　王国生　王金南　王学典　王建军(中共界)
王晓东　王梅祥　王惠贞(女)　王新强
韦　维(女,布依族)　韦朝晖(女,壮族)
扎西达娃(藏族)　车　俊　方光华　方精云
户思社　孔令智　邓蓉玲(女)　石　碧　石爱中
龙庄伟(苗族)　卢　柯　卢国懿　申长雨
田红旗(女)　田沁鑫(女)　冉　霞(女,苗族)
印　红(女)　冯正霖　宁吉喆　司马红(女)
吉尔拉·衣沙木丁(维吾尔族)　朴世龙(朝鲜族)
成岳冲　毕井泉　朱生岭　朱程清(女)
多杰热旦(藏族)　刘　艳(女)　刘　雷
刘　聪　刘万龙　刘中民　刘同德　刘旭光　刘忠范
刘政奎　刘结一　刘晓梅(女,蒙古族)　刘家义
刘家强　刘雅煌　刘赐贵　刘德伟　齐扎拉(藏族)
齐成喜　江广平　江尔雄(女)　江利平　许又声
许京军　阮成发　阮诗玮　孙　尧　孙　阳　孙东生
孙业礼　孙继业　寿子琪　杜占元　李　山(宗教界)
李　卫　李　心(女)　李　林　李　群

李　瑶（女）　李小鹏　李文章　李世杰
李龙熙（朝鲜族）　李光富　李仲平
李玛琳（女）　李和平　李宝善　李家杰　李家洋
李惠东（回族）　杨　杰　杨云彦　杨发明（回族）
杨光跃（纳西族）　杨华勇　杨振斌　杨培君
吴　巍　吴为山　吴良好　吴社洲　吴英杰
吴国华（女）　吴建平　邱达昌　邱华栋　何　平
何志敏　何润生　何超琼（女）　但彦铮
邹加怡（女）　邹其国（黎族）　沈　斌　宋　涛
宋亚君　宋曙光　迟子建（女）　张　全　张　杰
张光奇　张兴凯　张兴海　张纪南　张克俭　张来斌
张连起　张伯军　张灼华　张雨东　张宗真　张柏青
张复明　张桃林　张晓明　张恩迪　张宽寿（白族）
张雪樵　张裔炯　张福成　张震宇　陆桂华
阿地里江·阿吉克力木（维吾尔族）　陈　冬
陈　旭（女）　陈　军（女，高山族）　陈　彦
陈　群　陈小平　陈小江　陈马林　陈冯富珍（女）
陈宝生　陈星莺（女）　陈贵云　陈润儿　武向平
苗　圩　苟仲文　范九伦　林　铎　林建岳　林毅夫
欧阳明高　欧阳泽华　尚　勇　尚勋武
易　军　易　纲　帕松列龙庄勐（傣族）　金　石
周汉民　周忠和　郑　和　郑永飞　房兴耀　赵　吉
赵　雯（女）　赵　静（女，九三学社界）　赵宗岐
赵家军　赵德明（瑶族）　胡　刚　胡泽君（女）

南存辉　哈德尔别克·哈木扎(哈萨克族)　侯茂丰
施荣怀　洪捷序　洪慧民　祝春秀(女,彝族)
姚志胜　姚爱兴　秦顺全　珠康·土登克珠(藏族)
班禅额尔德尼·确吉杰布(藏族)　袁亚湘　聂辰席
贾　楠(女)　贾庆国　夏　杰(女,回族)
夏先鹏　钱　锋(九三学社界)
钱　锋(福利保障界)　钱克明　钱学明　钱智民
倪晋仁　徐　涛　徐　彬　徐令义　徐乐江　徐延豪
徐启方　徐晓兰(女)　徐晓鸿　栾　新(女)
高　津　高　峰　高小玫(女)　高永文
高秀梅(女)　高鸿钧　郭乃硕　席南华　唐英年
唐承沛　陶　智(满族)　陶凯元(女)　黄　卫
黄　武　黄　荣　黄　震　黄宇光　黄丽云(女,傣族)
黄国显　黄柳权　黄润秋　曹卫星　龚建明　龚俊龙
盛　斌　常　凯　崔世昌　符之冠　康耀红
隋　军(女)　葛会波　葛均波　葛建团　董耀鹏
蒋旭光　蒋建国　韩卫国　韩立平　程　红(女)
程　凯　程　萍(女)　程永波(满族)　傅振邦
焦　红(女)　舒红兵　谢　红(女)
谢　茹(女)　谢晓亮　赖　明　赖明勇
解　冬(女)　蔡　威　蔡名照　蔡秀军　蔡冠深
廖长江　演　觉　谭铁牛　谭锦球　樊　杰　黎昌晋
滕树静(女,土家族)　潘立刚　燕　瑛(女)
霍卫平　霍金花(女)　魏　钢

中国人民政治协商会议第十四届全国委员会委员名单

（2170 人）

（2023 年 1 月 17 日政协第十三届全国委员会常务委员会第二十五次会议通过）

中国共产党(99 人)

乙晓光　王　宁(军队)　王　军　王　荣　王　勇
王东峰　王尔乘　王志刚　王沪宁　王国生
王建军(青海)　王常松　车　俊　毛万春
公保扎西(藏族)　巴特尔(蒙古族)
孔昌生　石泰峰　叶冬松　田向利(女)　付志方
毕井泉　朱生岭　朱国贤　多杰热旦(藏族)
庄国泰　刘　伟(河南)　刘　雷　刘晓凯(苗族)
刘家义　刘赐贵　齐扎拉(藏族)　许又声　阮成发
孙　伟　孙大伟　纪　峥　李　江(女)　李小鹏
李荣灿　李微微(女)　吴存荣　吴社洲　吴英杰
何　平　邹加怡(女)　沈跃跃(女)　宋　涛
张义珍(女)　张延昆　张纪南　张晓明　张裔炯

陈　旭(女)　　陈　武(壮族)　　陈　雍(满族)
陈小江　陈宝生　陈润儿
努尔兰·阿不都满金(哈萨克族)　　苗　圩　林　铎
林克庆　欧阳坚(白族)　　易　纲　周　波　周　强
郑　和　赵永清　赵宗岐　胡文容　胡春华　柯尊平
咸　辉(女,回族)　　姜信治　姚增科　夏德仁
徐令义　徐立全　徐启方　徐新荣　高　津　唐一军
唐方裕　唐良智　黄建盛　黄莉新(女)　　盛茂林
崔　波　崔少鹏　崔玉英(女,藏族)
葛慧君(女)　　韩卫国　蓝绍敏　廉毅敏　滕佳材
潘立刚　穆　虹　魏小东

中国国民党革命委员会(65人)

丁华锋　于干千(回族)　　马传喜　王世杰　王光贤
王红玲(女)　　王新军　王新强　王遵来
区　捷(女)　　孔维克　田红旗(女)　　白清元
吕心阳　朱新力　刘同德　刘良翠(女)　　刘家强
齐成喜　孙晓光　孙继业　杜洪印　杜海峰　巫家世
李　岩(满族)　　李生龙　李国华　李惠东(回族)
何　杰　何报翔　何秉群　宋　秋(女)　　宋亚君
张　莉(女)　　张月仙(女)　　张庆盈(女)
张兴凯　张伯军　张复明　张雪樵　陈　昶　陈马林
陈星莺(女)　　陈前林　欧阳泽华　　周世虹

郑　军　赵素卿(女)　　姚卫海　贾海洋　夏先鹏
徐毅松　高小玫(女)　　郭乃硕　郭书宏　唐冬生
黄东红(女)　　葛桂录　程　萍(女)
程永波(满族)　　傅　川　温雪琼(女)　　熊　皓
熊水龙　霍卫平

中国民主同盟(65人)

丁　梅(女)　　丁光宏　马宗保(回族)
王　绚(女)　　王书红　王光谦　王荣彬　邓长球
古俊彦(女,壮族)　　龙婉丽(女)　　田　刚
冉　霞(女,苗族)　　冯艺东　成岳冲　刘　洪
刘中民　刘仲奎　刘旭光　刘思德　刘艳玲(女)
刘雅玲(女)　　江智涛　许亚南(女)　　阮诗玮
杜惠平　李正国　李剑萍　李萌娇(女)　　杨云彦
杨安娣(女)　　时　燕(女)　　吴　楠　吴为山
吴以环(女)　　何寄华　汪鹏飞　张　慧(女)
张来斌　张福成　陆桂华　陈　群　范九伦　欧阳明高
郑永飞　赵　吉　胡　刚　柳锋波　贾　楠(女)
贾庆国　钱克明　钱丽霞(女)　　钱福永　徐　彬
曹卫星　崔亚丽(女)　　康耀红　梁丽萍(女)
韩清华(女)　　辜　清　程　红(女)　　舒晓刚
蒙格丽(女)　　蔡光洁(女)　　霍金花(女)
魏世忠

中国民主建国会（65人）

马华东　王　舰　王　凌（女）　王小龙
韦建刚（壮族）　方　洁（女）　方传龙　付　诚
白重恩　司马红（女）　乔　伟　刘木华　刘炳江
安　庭（蒙古族）　许　玲（女）
孙　洁（女）　孙东生　苏　华　苏　莉（女）
李　心（女）　李　瑶（女）　李　霞（女）
李文海　李世杰　李忠民　李俊林　杨　光
杨　淼（女）　杨士海　杨洪明（女）　杨培君
吴志明　汪　阳　汪胜洋　宋　青（女）　陆　铭
陈小平　陈百灵（女，满族）　陈婷婷（女）
陈增敬　范社岭　罗　卫（女）　金　桩（蒙古族）
周汉民　郑亚莉（女）　赵　波（女）　洪慧民
姚建明　秦博勇（女）　钱雨晴（女）　钱学明
郭彩云（女）　陶桂芳（女）　曹　武
梁满红（女，壮族）　寇　纲　葛建团　韩　丹
韩民春　鲁晓明　谢商华（女）　蒙晓灵（女）
赖明勇　解　冬（女）　薛　寒（女，蒙古族）

中国民主促进会（45人）

马余强　王春秀（女）　石爱中　卢天锡　包安明

朱永新　朱彤晖（女）　许唯临　孙　发
孙俊青（女）　李玛琳（女）　李和平　杨建德
杨静华（女）　何志敏　张雨东　张金英（女）
张学军（女）　张显友　张颐武　张震宇　陈贵云
陈倩雯（女）　尚勋武　罗永章　金永伟　郑家建
赵长龙　胡仲军　姜　军　姚爱兴　栾　新（女）
郭绍敏（女）　陶凯元（女）　黄　震　梁　勇
梁　浩　鲁修禄　鲍虎军　蔡秀军　蔡国伟　熊继军
黎晓英（女）　潘惠丽（女）　潘碧灵（土家族）

中国农工民主党（45人）

丁列明　于春水　义　芳（女，瑶族）　王　昆
王　路　王行环　王金南　云治厚（蒙古族）
孔令全（女）　邓蓉玲（女）　甘华田　史　可
巩富文　朱　涛　刘俊彩（女）　刘献祥　花亚伟
李　明（女）　李和跃　李思进　杨　震　杨金龙
杨淑丽（女）　但彦铮　张　全　张　桥　张光奇
张灼华　张宽寿（白族）　孟庆才　段青英（女）
秦海涛　晏　波　徐　涛　郭　毅　郭天康
黄红霞（女）　黄宝荣　龚建明　阎　武　蒋　巍
蒋和生　焦　红（女）　谢　京（女）　蔡　威

中国致公党(30人)

丁时勇　王　艳(女)　　王丽萍(女,浙江)
王桂英(女)　　卢国懿　司徒国海　　许光文
孙诚谊　杨　洋(女,彝族)　　杨德才
张　晨(女)　　张文明　张华俊　张志红(女)
张柏青　张恩迪　邵志清　欧余军　郑　鈜
赵晓萍(女)　　侯茂丰　袁　雯(女)　　徐旭东
徐晓兰(女)　　高秀梅(女)　　陶仪声(女)
黄　武　蒋作君　蒋鹏举　谢资清(女)

九三学社(45人)

于仁杰　马秀珍(女)　　王长平　王汝芳
王晓萍(女)　　卢　柯　叶正波　过建春(女)
朱春云(女)　　朱程清(女)　　刘　涛(女)
刘忠范　刘政奎　刘晓梅(女,蒙古族)
杜　妍(女)　　李青山　李学林　李新华　杨　丹
杨同光　吴代赦　冷向阳　张少康　张凤宝　张福麟
陈赤平(土家族)　　陈怡平　邵　鸿
周　岚(女)　　周鸿祎　庞　达　单崇新　屈　谦
赵　雯(女)　　赵　静(女,税务总局)
赵金云(女)　　秦　松　秦顺全　钱　锋(上海)

徐玖平　翁建平　彭健铭　葛会波　赖　明　潘建伟

台湾民主自治同盟(20人)

王　昱　孔令智　吕少军　刘　艳(女)
江尔雄(女)　江利平　许可慰　苏　辉(女)
杨晓红(女)　吴国华(女)　陈　伟
陈　军(女,高山族)　陈子云(女)
陈玉玲(女)　陈清莉(女)　高　洁(女,广东)
符之冠　蔡　欣(女)　蔡　睿　廖明宏

无党派人士(65人)

丁彦昕　马东平(女,回族)　马海军(回族)
王　晶(女)　王桂玲(女)　王效彤　王理宗
王梅祥　邓中翰　石文先　伍爱群　刘　辉(满族)
许京军　李　卫　李　丹　李　喜　李利英(女)
李国红　连玉明　肖　琦(女)　吴骊珠(女,回族)
吴锋刚　何　婧(女)　何清湖　沈爱红(女)
宋朝学　张　骁　张　萍(女)　张广东　张连起
张春燕(女)　张树新　张勉之　阿　来(藏族)
范　峰　范树奎　林毅夫　周　源　周仲荣　周志华
周忠和　郝海平　钟章队　姚力军　秦　斌　聂　鑫
聂竹青　贾正兰(女)　夏宇红(女)　高鸿钧

席南华　陶　智(满族)　黄宇光　蒋　颖(女)
蒋　毅　蒋志鹏　韩圣健　覃　斌(壮族)　舒红兵
温小波　蓝逢辉　窦刚贵　管云鸿(蒙古族)
谭文英(女)　戴永久

中国共产主义青年团和
中华全国青年联合会(36 人)

于本宏　上官剑　王一书(女)　王亚平(女)
王笃波　田　静(女)　朱　妍(女)
刘明侦(女)　刘洪悦(女)　刘爱平(女)
许礼进　杨政龙　肖新光　吴仲戈　吴碧霞(女)
张　坤　张朝晖　陈　槐　陈天石　林积灿　岳　伟
周　垄(女)　周小平　郑春阳　侯贵松
祝林芳(女)　贺　晗　贺凯琪(女)　党彦宝
倪邦文　凌俊杰　高庆波　曹　鹏　傅振邦　曾文龙
魏　新

中华全国总工会(62 人)

丁焰章　马　璐(女)　马秀丽(女)　王　斌
王少峰　王百森　王彤宙　王晓峰　卢跃富(土家族)
叶阳升　冯江华　皮剑龙　吕国泉　向文波　刘　争
齐为民　江　毅　江广平　阮　英　阮前途　孙永才

孙志强　李兴钢　杨　杰　杨宇栋　杨军日　邹　震
辛　锋　汪建平　张　涛(女)　　张轩松　张茂华
张晓仑　陈建飚　苟护生　林伦伟　林孝发　林晓辉
岳建武　周国平　孟振平　赵俊民　胡望明　胡德兆
柯瑞文　段向东　洪　杰　袁京连(女)　　徐海荣
徐鹏飞　翁祖亮　郭代军　郭吉安　黄　国　阎京华
粟　斌　蔡治洲　蔡毅德　谭旭光　戴东昌　戴和根
魏地春

中华全国妇女联合会(67人)

王　芳(女)　王　宜(女,满族)
王　珏(女)　王素君(女)　王淑惠(女)
仇　鸿(女)　邓　健(女)　龙国英(女)
卢　红(女)　卢　敏(女)　卢伟英(女)
冯　延(女)　成　平(女)　刘文力(女)
刘文萍(女)　刘玉婉(女)　刘丽坚(女)
刘晓冰(女)　刘筱敏(女)　米　荣(女,满族)
江碧涛(女)　祁晓冰(女,回族)
苏　洵(女)　杨　爽(女)　杨临萍(女)
吴海英(女)　吴海鹰(女,回族)
吴蓓丽(女)　何　蓉(女)　沈蓓莉(女)
张　英(女)　张军萍(女)　张利文(女)
张佐姣(女)　张晓兰(女)　张娣芳(女)

陈中红(女)　　陈左宁(女)　　陈红彦(女)
苗延红(女)　　林　怡(女)　　林　洁(女)
岳泽慧(女)　　周超男(女)　　屈　恩(女)
孟冬梅(女)　　赵心竹(女)　　赵爱明(女)
胡立杰(女)　　胡达古拉(女,蒙古族)
姜　妍(女,满族)　　夏　杰(女,回族)
柴　靓(女)　　徐睿霞(女)　　翁铁慧(女)
高　洁(女,陕西)　　高　琳(女)
高佩璇(女)　　彭　静(女)　　程晓健(女)
程湘爱(女)　　谢文敏(女)　　蒙　曼(女,满族)
雷　杰(女)　　翟美卿(女)　　潘毅琴(女,回族)
薛景霞(女)

中华全国工商业联合会(65人)

丁佐宏　王　煜　王光远　王均金　方光华　叶　青
史贵禄　多吉次珠(藏族)　　刘　伟(新疆)
刘　聪　刘振东　刘瑞领　安润生　许明金　阮鸿献
寿子琪　李　青(女)　　李书福　李汉宇　李兆前
李连柱　李维斗　杨　丽(女)　　杨　英(女)
杨　晖　杨佑兴　肖凯旋　吴　城　邱小平　何文辉
何晓勇(回族)　　汪鸿雁(女)　　张　健　张兴海
张建明　陈晓林　邵丹薇(女)　　林凯文　赵立新
赵延庆　赵毅武　胡汉阳　南存辉　俞　建　娄　杰

费功全　姚锦龙　聂　磊　党　蓁(女)　　徐乐江
高　峰　高云龙　郭奇志　唐　燕(女)　　黄　荣
眭国华(女)　　葛　坚　景普秋(女)　　鲁　勇
曾毓群　谢　茹(女)　　褚　浚　熊　伟　樊友山
燕　瑛(女)

中国科学技术协会(43人)

王永良　王先进　王怀民　王金龙　邓铭江　吕国范
朱日祥　乔　杰(女)　　孙　珅　李　星　李仲平
李志强　杨长风　肖文交　肖龙旭　邱志明　闵宜仁
张　凤(女)　　张　旭(科技部)　　张　杰
张永强　张克俭　张阿漫　陆建华　尚　勇　明　炬
赵小津　胡金波　俞　飚　施一公　徐　平　徐延豪
徐建国　黄　卫　曹阿民　景亚萍(女)　　程建军
曾　毅　谢素原　廖湘科　樊　杰　樊邦奎　魏悦广

中华全国台湾同胞联谊会(14人)

庄振文　李大壮　杨毅周　陈　椿　陈小艳(女,高山族)
陈元丰　林　娜(女)　　林　敏　林敏洁(女)
郑　平　黄兰茜(女)　　黄毅辉　曾瀞漪(女)
潘裕萍(女)

中华全国归国华侨联合会(26 人)

马萧林　邓小清　吕　涛(满族)　刘以勤(女)
刘明军　许清流　李　林　李　胥　李兴钰　杨全红
林定强　荣　洋　柳玲玲(女)　施乾平　洪明基
徐西鹏　黄楚基　曹君利　隋　军(女)
程　燕(女)　舒　心　谢文·根多(藏族)
谢良志　谢俊明　蔡明威　魏英杰

文化艺术界(112 人)

马浩文　马锋辉　王　丹　王　宁(北京)　王　珂
王　勇(文化和旅游部)　王　瑞　王　澍　王平久
王丽萍(女,上海)　王黎光　扎西达娃(藏族)
木亚赛尔·托乎提(女,维吾尔族)　牛克成
尹学芸(女)　尹晓东　石　磊(湖南)
田沁鑫(女)　白水清　冯　俐(女,回族)
冯远征　吕成龙　任万平(女)　刘　广　刘　侗
刘万鸣　刘训峰　刘学俊　刘笑伟　刘家成　许　宁
许　江　许鸿飞　李　梅(女)　李　群　李六三
李心草　李国兴　李骏虎　杨红林　吴　行　吴文科
吴洪亮　吴敏婕(女)　邱华栋　邱运华
谷好好(女)　辛丽丽(女)　沈　晨

沈铁梅（女）　迟小秋（女）　迟子建（女）
张　旭（文化和旅游部）　张　宏　张　继
张　斌（香港）　张立萍（女）　张凯丽（女）
张铁山　陈　彦　陈　通　陈智林　苗　洁（女）
范宗钗　林　茂　迪丽娜尔·阿布拉（女，维吾尔族）
周　利（女）　周庆富　郑　茜（女）　郑更生
宗庸卓玛（女，藏族）　赵　聪（女）
赵秀君（女）　赵宝刚　郝　戎　胡纪源　皇甫宜川
俞　峰　勉冲·罗布斯达（藏族）　姜克美（女）
洪厚甜　姚　珏（女）　袁慧琴（女）　都海江
聂辰席　莫华伦　高英坡　高满堂　郭　蓉（女）
唐延海　崔　巍（女）　阎晶明　彭家鹏
董园园（女）　董希源　董耀鹏　蒋胜男（女）
韩子勇　韩新安　景喜猷　傅若清　焦兴涛　舒　勇
曾小敏（女）　靳　东　甄子丹　詹　勇　廖昌永
熊召政　滕贞甫　霍建起　戴　斌

科学技术界（107人）

丁　洪　于宗宝　马光辉（女）　王　亮　王小军
王元青　王长青　王来春（女）　王春儒（蒙古族）
王树年　王润福　王瑞军　卞修武　方　向　方　忠
叶　聪　冯煜芳　邢一新　曲　伟　吕跃广　朱松纯
朱俊强　乔　红（女）　任咏华（女）　刘　强

刘石泉　齐向东　许　波　许瑞明　孙予罕　孙志嘉
孙昌隆　严建文(回族)　李　陟　李　萌　李全明
李秀敏(女)　李应红　李俊全　李恒年
李景虹(蒙古族)　杨长利　杨建成　杨孟飞
杨新民　吴立刚　吴希明　吴建平　吴燕生　何　琳
余晓晖　冷　俊　沈志强　宋晓明　张　峰　张广军
张云泉　张冬辰　张改平　张振涛　张格明　张新民
张德清　陆安慧　陈　江　陈仙辉　陈英武　陈锡明
武向平　范召林　周向宇　周兴江　周群飞(女)
屈国欣　赵　琛　赵　静(女,航天科工)　赵长印
赵宇亮　赵红卫(女)　赵泽良　赵晓光(女)
赵晓晨　赵瑞峰　胡　震　侯立军(满族)　施华君
倪四道　徐　星　徐　晋　徐南平　高　铭(女)
高天明　高剑刚　席振峰　唐长红　容　易(女,土家族)
黄雪鹰(女,蒙古族)　曹建国　常　凯
阎锡蕴(女)　韩泳江　韩珺礼　曾一春　谢晓亮
蔡荣根　臧继辉　魏明英(女)

社会科学界(73人)

马述强　马宝成　王立平　王灿龙　王灵桂　王学典
牛同栩　龙明彪　卢　希(女)　田培炎　白少康
冯鹏志　毕飞宇　毕彦超(女)　吕红兵　朱列玉
庄　严　刘　宁(女)　刘　钊　刘　杰　刘纪明

刘建国　孙茂利　孙学玉　李连祥　李贻伟　李章泽
杨　智　杨万明　杨小波　肖厚发　时和兴　吴向东
余兴安　余新华　沈　亮　迟日大　张　毅　张广汉
张风雷　张西明　张宇燕　张来明　张冠梓　张继焦
陆国强　陈　理　陈　霞(女)　陈松蹊　陈国庆
陈宗荣　陈星灿　陈思源　林文勋　金学锋　赵　凡
赵昌华　胡建淼　胡衡庐　贺小荣　袁小彬　袁爱平
夏春涛　高　雨　曹　普　曹文泽　崔海洋(朝鲜族)
蒋建国　傅兴国　熊选国　戴小明(苗族)　戴红兵
魏青松

经济界(108人)

丁世忠(回族)　马　珺(女)　马正武　马永生
马军胜　马建堂　马崇贤　王　伟(全国政协机关)
王　江　王世民　王永礼　王江平　王明弹　王俊寿
王炳南　毛定之　尹艳林　孔令成　石　磊(内蒙古)
卢　进　申长雨　付刚峰　白　涛　冯正霖　宁　咏
宁吉喆　权忠光(朝鲜族)　曲永义　朱碧新
任德奇　刘云峰　刘化龙　刘永好　刘永富　刘尚希
刘爱力　刘新勇　江浩然　李民吉　李养民
杨　柳(女)　杨成长　杨宗儒　吴益强　吴富林
余　斌　邹　磊　冷伟青(女)　宋曙光　张　奎
张　勇(天津)　张　琦　张少明　张军扩　张建民

张春华　张懿宸　陈　力　陈四清　陈祖新
陈晓红(女)　　邵　驰　范小云(女)　　范扎根
林　罡　林　涌　林益彬　罗　熹　金　李　周渝波
赵　东　赵　欢　赵争平　郝书辰　胡泽君(女)
柯希平　俞培根　姜万荣　姜春水　祝树民　秦荣生
柴　强　钱　刚　钱文挥　徐建军　郭孔丞　郭兰峰
郭御风　涂辉龙　黄玉治　黄志祥　黄喜忠　黄群慧
曹志安　阎　峰　谌志华　隋忠诚　彭　纯　韩　谦
韩立平　韩保江　蒲　淳　蔡建春　谭　炯　谭岳衡
霍颖励(女)　　魏革军　魏博平

农业界(70人)

于学利　万建民　马有祥　马忠明　王　威(俄罗斯族)
王　静(女)　　王冬胜　王传喜　王晓东　孔宏智
田学斌　代　萍(女)　　从连彪(回族)　　兰定国
达瓦顿珠(藏族)　　吕爱辉(女)　　朱水芳
廷·巴特尔(蒙古族)　　仲志余　刘伟平　刘均刚
刘焕鑫　孙志宏　严建兵　杜志雄　李宝聚　李原园
李家洋　杨　松　吴宏耀　何一心　余　静(女)
张　焀　张卫元　张合成　张志军　张和平　张桃林
张雷明　阿拉腾达来(蒙古族)　　陈化兰(女)
陈温福　范国强　林　海　林金星　郑裕国　单　杨
赵晓燕(女)　　胡亚安　胡培松　钟登华　种　康

侯水生　昝林森　姜　明　班立桐　柴守玺　郭　玮
唐俊杰（女）　黄三文　黄丽萍（女，黎族）
黄显良　曹金山（蒙古族）　曹晓风（女）
戚益军　崔丽娟（女）　梁　晔　韩鲁佳（女）
程玉珍（女）　潘元松

教育界（103人）

于巧华（女）　万师强　卫炳江　马怀德　马金旗
马景林　王　锐　王　璞　王中良　王仁祥　王成斌
王国仁　王定华　王复明　王雪梅（女）
王蜀黔（女）　韦　军（壮族）　方　明　方守恩
龙　腾　卢建军　丛　兵　兰　臻（女，畲族）
任少波　刘　林　刘小军　刘小康　刘林芽　刘思金
刘菊娇（女）　刘智鹏　江　阳　孙　尧　孙宝国
李　莉（女）　李孝轩　李丽娟（女）　李胜堆
杨华勇　杨振斌　肖　飞　吴宏伟　吴德伟　邱　峰
汪小帆　汪劲松　沈志华　张玉清　张平文　张运凯
张志勇　张京泽　张政文　张敏情（女）　陈伟志
陈卓禧　武利民　欧阳宏伟　罗卫东　金　石
郑富芝　孟　艳（女）　孟　晖　孟祥青　赵长禄
赵海兴　柳　茹（女）　拜文汇　信思金　施大宁
施卫东　姜亚军　姜耀东　洪　伟　祝连庆　祝跃飞
莫海涛　钱家盛　倪闽景　徐　坤　徐礼华（女）

高金凤（女）　高新波　郭坤宇　黄竹君（女）
黄晓娟（女）　龚卫娟（女）　龚六堂
龚健梅（女，壮族）　崔　田　商文江　董洪川
韩林海　程建平　曾　勇　温　涛　雷群芳（女，畲族）
满开宏（回族）　褚良银（土家族）　谭铁牛
滕锦光　潘　健（壮族）　戴立益

体育界（24人）

丁　霞（女）　丁亚琳（女）　王励勤　王勇峰
王嘉恩　厉彦虎　刘　征　刘国梁　刘诗颖（女）
许昱华（女）　纪　冬　杨　扬（女）　余国樑
张　虹（女）　张小冬（女）　苗立杰（女）
荀仲文　林大辉　金泳德　周进强　胡文新
陶璐娜（女）　谢敏豪　鲍明晓

新闻出版界（49人）

马　静（女，回族）　王　奕　王一彪　王心富
王吉德　王晓红（女）　双传学　石培文　卢永雄
冯晓婷（女）　朱　旗　朱咏雷　刘见明　刘成勇
刘思扬　孙业礼　孙宝林　李　芸（女）　李　岩
李学梅（女）　李宝善　杨小伟　吴义勤　吴旭洋
吴静怡（女）　辛广伟（回族）　汪惠仁

张　勤(女)　张自成　张志刚　张志兵　张建春
张宿堂　陈扬勇　陈伟鸿　林丽颖(女)
罗崇雯(女)　孟　冬(女)　赵剑英　胡孝汉
袁炳忠　顾　青　郭嫒嫒(女)
海尼扎提·托呼提(维吾尔族)　黄志坚　韩敬群
曾庆军　蔡名照　廖祥忠

医药卫生界(96人)

马　骏(女)　王　辰　王　坤　王　岩　王　俊
王广发　王宁利　王建安　王建军(国家卫健委)
王贵齐　王秋菊(女,满族)　王贺胜
王笑频(女)　方向明(女)　巴桑卓玛(女,藏族)
邓旭亮　卢联合(满族)　付小兵　边惠洁(女)
朱同玉　向　华(土家族)　刘　云(女)
刘连新　刘林林(女)　刘泽星　刘梅林(女)
刘清泉　孙　达　孙　红(女)　孙　蓉(女)
花德米(女,回族)　杜　斌　杜丽群(女,壮族)
李　利　李　浩　李为民　李国勤　李海潮　李鹏斌
杨宇飞(女)　杨杰孚　杨爱明　肖　苒(女)
吴　浩　吴　彬(女)　吴沛新　吴效科　吴尊友
吴德沛　余艳红(女)　沈建忠　沈洪兵
宋树立(女)　张　勇(国家卫健委)　张文宏
张伟滨　张丽丽(女)　张其成　张学敏　张洪春

陈　敏　陈义汉　邵　峰　明　东　季加孚　侍　俊
周　军　周　清(女)　　郑　虹　郑　哲
封颖璐(女)　　赵　宏　赵家军　胡盛寿　施小明
姚建红　姚树坤　敖虎山(蒙古族)
徐凤芹(女)　　徐丛剑　徐安龙　奚　桓　高永文
郭玉芬(女)　　唐旭东　黄　伟　黄　昱(女)
黄爱龙　曹雪涛　彭　军　董小平　蒋建东
傅小云(苗族)　　童安荣　谢良地　霍　勇

对外友好界(46 人)

王　民　王众一　王茂虎(回族)　　王银锋　户思社
石好勇　卢沙野　刘劲松　刘显忠　刘显法　刘结一
许　进　杜占元　杨光斌　杨明杰　吴　恳　吴江浩
邱华康　宋延超　张　军　张　博(女)
张　斌(社科院)　张汉晖　张茂于　张懿范　陈　因
陈　旭　林松添　罗照辉　郑泽光　赵　梅(女)
胡　伟　秦　鸣　袁　鹏　聂福如　顾学明　徐广国
徐飞洪　徐宇宁　郭　军　陶　坚　黄苏云(黎族)
谢　锋　廖力强　颜宝铃(女)　　魏海生

社会福利和社会保障界(35 人)

王　平　王正伟　邓　琳(女)　　龙　墨(女)

刘启芳(女)　齐明亮　汤　涛　孙力斌　李文章
李庆忠　杨　洋(女)　杨晋柏　吴　凡(女)
何明华　张建斌　张春生　张晓敏　林　潞　胡静林
费英英(女)　莫　荣(苗族)　夏延军(女)
钱　锋(退役军人部)　唐承沛　诺　敏(女,蒙古族)
曹　晖　常正国　蒋丽英(女)　惠建林　程　凯
蔡振红　管浩鸣　黎　勇　冀国强　戴均良

环境资源界(85人)

于学军　马建华　王　媛(女)　王树声　王新明
方精云　石　碧　卢铁忠　叶　敏　印　红(女)
朴世龙(朝鲜族)　刘　宝　刘国跃　刘俊来
江桂斌　孙　黎(女)　孙雪涛　李　彬
李　颖(女,满族)　李凡荣　李书鹏
李宇鹏(女)　李金发　李宝犬　李根生　吴　健
吴忠民　吴瑞君(女)　邱启文　何广顺　余国东
余蔚平　谷树忠　应汉杰　辛保安　闵庆文　汪东进
宋海良　张　睿(女)　张甘霖　张兴赢　张志扬
张海文(女)　武　强　欧青平　易　军　岳中明
郑斌勇　赵　松(女,满族)　赵英民　赵建泽
胡松琴(女)　段旭如　侯　伟　敖　宏　钱智民
倪晋仁　徐雪红(女)　凌月明　高吉喜　高志国
黄润秋　黄绵松(回族)　梅　钰　曹　荣　龚建东

章建华　葛全胜　蒋　齐　蒋旭光　蒋兴伟　韩　君
韩建华(撒拉族)　　　　　傅声雷　焦念志　童金南
温枢刚　路全忠　蔡中平(瑶族)　　翟　青　黎俊东
燕　琴(女)　　　戴厚良　魏克良　魏源送

少数民族界(100 人)

马文亮(哈尼族)　　　　　马汉成(回族)
马旭林(东乡族)　　　　　马晓丽(女,保安族)
王　飚(侗族)　　王红红(女,回族)
韦　昌(女,怒族)　　　　韦　维(女,布依族)
韦朝晖(女,壮族)　　　　韦震玲(女,毛南族)
扎西顿珠(藏族)
木合拜尔·阿布都尔(女,乌孜别克族)
尹　璐(女,满族)　　　　巴音克西(蒙古族)
玉克赛克·西加艾提(塔吉克族)
甲热·洛桑丹增(藏族)　　们发延(阿昌族)
白玛玉珍(女,门巴族)　　冯春林(仡佬族)
边巴扎西(藏族)　　　　　边巴拉姆(女,藏族)
吉尔拉·衣沙木丁(维吾尔族)　　权贞子(女,朝鲜族)
达珞(珞巴族)　　达扎·尕让托布旦拉西降措(藏族)
达娃次仁(藏族)　　　　　尧斯丹(藏族)
伊力扎提·艾合买提江(维吾尔族)
伊尔扎提·扎达(塔塔尔族)　　　刘　颖(女,白族)

刘建波(满族)　　刘媛媛(女,苗族)
羊　毅(女,回族)　　关天罡(女,满族)
关芳芳(女,锡伯族)　　苏海珍(女,京族)
杜明燕(女,鄂温克族)　　李　健(侗族)
李为国(羌族)　　李玉春(女,德昂族)
李龙熙(朝鲜族)　　李东浩(朝鲜族)
李迎新(女,满族)　　李依娲娜(女,佤族)
杨　方(女,基诺族)　　杨　宁(女,白族)
杨向群(独龙族)　　杨远艳(女,京族)
杨钰尼(女,哈尼族)　　吴宇红(女,高山族)
何　静(女,满族)　　邹其国(黎族)
怀利敏(女,蒙古族)　　张　敏(女,布朗族)
阿力甫江·卡得尔(柯尔克孜族)
阿衣木沙·托合塔洪(女,柯尔克孜族)
纳日碧力戈(蒙古族)　　欧彦伶(女,仫佬族)
卓　嘎(女,藏族)　　卓君佳(女,景颇族)
明吉措姆(女,藏族)　　昂　旺(藏族)
和良辉(纳西族)　　金　花(女,蒙古族)
金　宪(朝鲜族)　　周先旺(土家族)
孟宪明(回族)　　赵　岩(满族)　　赵　金(彝族)
赵坤宇(女,赫哲族)　　赵德明(瑶族)
胡江梅(女,普米族)
哈里木拉提·阿不都热合曼(维吾尔族)
哈德尔别克·哈木扎(哈萨克族)　　钟　瑛(女,白族)

香根·巴登多吉(藏族)　　香根·边玛仁青(藏族)
侯桂芬(女,苗族)　　祝春秀(女,彝族)
娜木拉(女,鄂温克族)　　贺　丹(女,土家族)
贺颖春(女,裕固族)　　班　果(藏族)
凌　云(女,鄂伦春族)　　高　炜(蒙古族)
高继兰(女,傈僳族)　　郭继孚(满族)
朗杰拉措(女,藏族)　　黄　玮(女,拉祜族)
黄丽云(女,傣族)　　鄂晓梅(女,达斡尔族)
鄂崇荣(土族)　　隋　青(女,蒙古族)
琼　色(藏族)　　韩文林(撒拉族)
蒙爱军(水族)　　雷　迅(畲族)　　嘎玛泽登(藏族)
熊甜芳(女,阿昌族)　　滕树静(女,土家族)

宗教界(69人)

马文云(东乡族)　　马跃祥(回族)　　王跃胜
扎西坚才(藏族)　　心　澄　正　慈
东宝仲巴·呼图克图(藏族)　　代俊峰(回族)
印　顺　尼玛琼拉(藏族)　吉宏忠　江白拉桑(藏族)
李　山　李光富　杨　杰(回族)　　杨万里(回族)
杨永强　杨发明(回族)　　杨冠军(回族)　　吴　巍
吴伟庆　吴建林　吴理之　沈　斌　张克运　张金涛
张诚达　张高澄　阿不都热克甫·吐木尼牙孜(维吾尔族)
阿地里江·阿吉克力木(维吾尔族)

直贡穷仓·洛桑强巴(藏族)　昌　善

帕巴拉·格列朗杰(藏族)　帕松列龙庄勐(傣族)

岳福生　金宏伟(回族)　宗　性　房兴耀　孟至岭

孟青录　胡诚林　胡雪峰(蒙古族)

洛卓加措(藏族)　珠康·土登克珠(藏族)

班禅额尔德尼·确吉杰布(藏族)　徐玉兰(女)

徐晓鸿　高　明　郭金才

郭莽仓·罗藏宗哲嘉措(藏族)　唐诚青

桑杰·嘉措(蒙古族)　黄信阳　常　藏

韩树军(回族)　释本性　释崇化　道　慈　谢荣增

靳云鹏　雷世银　蔡炳瑞　演　觉

赛赤·确吉洛智嘉措(藏族)　慧　明　樊宏恩

潘兴旺　潘志贤　穆可发(回族)

特邀香港人士(124 人)

马光如(女)　王力平　王明凡　王育民　王思东

王庭聪　王祥明　王惠贞(女)　车弘健　文宏武

方文雄　尹宗华　邓佑财　邓宣宏雁(女)　邓健荣

邓清河　卢业樑　卢金荣　叶永成　叶建明　吕　坚

吕耀东　朱铭泉　朱鼎健　朱新胜　庄紫祥　刘业成

刘业强　刘江华　关百豪　江达可　孙　煜　孙少文

孙青野　苏长荣　苏绍聪　苏清栋　杜家驹　李　山

李大宏　李子建　李月华(女)　李文俊　李民斌

李伟斌　李君豪　李泽钜　李家杰　李镇强　杨绍信
杨莉珊(女)　连镇恩　吴华江　吴良好　吴杰庄
吴宗权　吴辉体　邱达昌　何汉权　何永昌　何君尧
何超琼(女)　佘德聪　余鹏春　张国荣　陈　冬
陈　寅　陈文洲　陈冯富珍(女)　陈弘毅　陈诋明
陈红天　陈亨利　陈清霞(女)　陈瑞娟(女)
邵家辉　范骏华　林龙安　林诗键　林建岳　罗永纲
罗卓坚　周春玲(女)　周厚立　郑志刚
孟丽红(女)　赵柏基　胡剑江　查毅超　施荣怀
施清流　施维雄　姚志胜　姚茂龙　唐英年　容永祺
黄少康　黄若虹　黄敏利　黄锦辉　曹其东　龚永德
龚俊龙　梁志祥　梁振英　屠海鸣　彭韵僖(女)
彭耀佳　董吴玲玲(女)　释宽运(蒙古族)
曾伟雄　曾智明　赖海民　詹洪良　蔡加讃　蔡荣星
蔡冠深　蔡黄玲玲(女)　廖长江　谭允芝(女)
谭锦球　樊敏华　颜建国　魏明德(回族)

特邀澳门人士(29人)

马志毅　叶兆佳　刘雅煌　阮建昆　李从正
李佳鸣(女)　吴士芳　吴志良　邱庭彪　何厚铧
何润生　何富强　何猷龙　何嘉伦　张明星　张宗真
陈华强　陈明金　陈季敏(女)　欧安利　罗奕龙
柯　岚(女)　莫志伟　高锦辉　黄柳权

黄洁贞(女)　　崔世昌　崔志涛　梁少培

特别邀请人士(83人)

于建华　王　伟(军队)　王　坚　王　填　王志良
王昌林　王桂林　韦昌进　方　林　邓中华
龙庄伟(苗族)　戎贵卿　西西玛(藏族)
任清华(女,土家族)　刘　建　刘万龙　刘亚永
刘念光　刘德伟　江勇西绕(藏族)　汤晓鸥　祁发宝
祁志峰　孙　阳　孙和荣　李　兰(女)
杨光跃(纳西族)　杨利伟　肖　毅　吴世忠(苗族)
何　松　张　平　张　瑛(女)　张义珊　张利平
张忠凯　张学庆　张海华(女)　陈岳琪
郁瑞芬(女)　罗益昌　周　利　周小莹(女)
周志国　周黎安　郑　堆(藏族)　郑宝宝　屈庆超
柳　芳(女)　段文晖　禹　光　洪捷序　费俊龙
姚丹江　姚永良　骆正明　袁亚湘　聂泽旭　贾育林
顾爱云(女)　徐士龙　郭基煇　唐　勇
桑顶·多吉帕姆·德庆曲珍(女,藏族)　桑福华
堵远放　黄国显　曹　菲(女)　盛　斌　麻振军
梁颖宇(女)　隆克平　葛均波　董清世　喻顶成
策墨林·单增赤列(藏族)　傅建国　童培友
谢　红(女)　樊春海　黎昌晋　颜晓东　魏　钢

附 录 一

关于召开中国人民政治协商会议第十四届全国委员会第一次会议的决定

(2023 年 1 月 17 日政协第十三届全国委员会常务委员会第二十五次会议通过)

中国人民政治协商会议第十三届全国委员会常务委员会第二十五次会议决定:中国人民政治协商会议第十四届全国委员会第一次会议于 2023 年 3 月 4 日在北京召开。建议会议的主要议程是:听取和审议中国人民政治协商会议全国委员会常务委员会工作报告和关于提案工作情况的报告;审议通过中国人民政治协商会议章程修正案;选举中国人民政治协商会议第十四届全国委员会主席、副主席、秘书长和常务委员;列席中华人民共和国第十四届全国人民代表大会第一次会议,听取并讨论政府工作报告及其他有关报告。

中国人民政治协商会议第十四届全国委员会第一次会议议程

（2023 年 3 月 3 日政协第十四届全国委员会第一次会议预备会议通过）

一、听取和审议政协全国委员会常务委员会工作报告

二、听取和审议政协全国委员会常务委员会关于提案工作情况的报告

三、列席第十四届全国人民代表大会第一次会议，听取并讨论政府工作报告及其他有关报告

四、审议通过中国人民政治协商会议章程修正案

五、选举政协第十四届全国委员会主席、副主席、秘书长、常务委员

六、审议通过政协第十四届全国委员会第一次会议政治决议

七、审议通过政协第十四届全国委员会第一次会议关于常务委员会工作报告的决议

八、审议通过政协第十四届全国委员会第一次会议关

于提案工作情况报告的决议

九、审议通过政协第十四届全国委员会第一次会议提案审查委员会关于政协十四届一次会议提案审查情况的报告

中国人民政治协商会议第十四届全国委员会第一次会议主席团成员、主席团会议主持人和秘书长名单

（2023年3月3日政协第十四届全国委员会第一次会议预备会议通过）

一、主席团成员（323名，按姓氏笔画排序）

乙晓光　丁世忠（回族）　万建民　马文亮（哈尼族）
马军胜　马建堂　王　宁（中共界）　王　军
王　辰　王　俊　王　勇　王　绚（女）　王　锐
王　路　王　飚（侗族）　王世杰　王东峰　王尔乘
王光谦　王红玲（女）　王志刚　王沪宁　王国生
王金南　王学典　王建军（中共界）　王晓东
王梅祥　王惠贞（女）　王新强　韦　维（女，布依族）
韦朝晖（女，壮族）　扎西达娃（藏族）
车　俊　方光华　方精云　户思社　巴特尔（蒙古族）
孔令智　邓蓉玲（女）　石　碧　石泰峰　石爱中
龙庄伟（苗族）　卢　柯　卢国懿　申长雨

田红旗(女)　　田沁鑫(女)　　冉　霞(女,苗族)
印　红(女)　　冯正霖　宁吉喆　司马红(女)
吉尔拉·衣沙木丁(维吾尔族)　　朴世龙(朝鲜族)
成岳冲　毕井泉　朱生岭　朱永新　朱程清(女)
多杰热旦(藏族)　　刘　艳(女)　　刘　雷
刘　聪　刘万龙　刘中民　刘同德　刘旭光　刘忠范
刘政奎　刘结一　刘晓梅(女,蒙古族)　　刘家义
刘家强　刘雅煌　刘赐贵　刘德伟　齐扎拉(藏族)
齐成喜　江广平　江尔雄(女)　　江利平　许又声
许京军　阮成发　阮诗玮　孙　尧　孙　阳　孙东生
孙业礼　孙继业　寿子琪　苏　辉(女)　　杜占元
李　山(宗教界)　　李　卫　李　心(女)
李　林　李　群　李　瑶(女)　　李小鹏　李文章
李世杰　李龙熙(朝鲜族)　　李光富　李仲平
李玛琳(女)　　李和平　李宝善　李家杰　李家洋
李惠东(回族)　　杨　杰　杨　震　杨云彦
杨发明(回族)　　杨光跃(纳西族)　　杨华勇
杨振斌　杨培君　吴　巍　吴为山　吴良好　吴社洲
吴英杰　吴国华(女)　　吴建平　邱达昌　邱华栋
何　平　何志敏　何报翔　何厚铧　何润生
何超琼(女)　　但彦铮　邹加怡(女)
邹其国(黎族)　　沈　斌　沈跃跃(女)　　宋　涛
宋亚君　宋曙光　迟子建(女)　　张　全　张　杰
张光奇　张兴凯　张兴海　张纪南　张克俭　张来斌

张连起　张伯军　张灼华　张雨东　张宗真　张柏青
张复明　张桃林　张晓明　张恩迪　张宽寿（白族）
张雪樵　张裔炯　张福成　张震宇　陆桂华
阿地里江·阿吉克力木（维吾尔族）　　　陈　冬
陈　旭（女）　　陈　军（女，高山族）
陈　武（壮族）　　陈　彦　陈　群　陈小平　陈小江
陈马林　陈冯富珍（女）　　陈宝生　陈星莺（女）
陈贵云　陈润儿　邵　鸿　武向平　苗　圩　苟仲文
范九伦　林　铎　林建岳　林毅夫　欧阳明高
欧阳泽华　　尚　勇　尚勋武　易　军　易　纲
帕巴拉·格列朗杰（藏族）
帕松列龙庄勐（傣族）　　金　石　周　强　周汉民
周忠和　郑　和　郑永飞　房兴耀　赵　吉
赵　雯（女）　　赵　静（女，九三学社界）　赵宗岐
赵家军　赵德明（瑶族）　　胡　刚　胡泽君（女）
胡春华　南存辉　咸　辉（女，回族）
哈德尔别克·哈木扎（哈萨克族）　　侯茂丰　施荣怀
姜信治　洪捷序　洪慧民　祝春秀（女，彝族）
姚志胜　姚爱兴　秦顺全　秦博勇（女）
珠康·土登克珠（藏族）
班禅额尔德尼·确吉杰布（藏族）　　袁亚湘　聂辰席
贾　楠（女）　　贾庆国　夏　杰（女，回族）
夏先鹏　钱　锋（九三学社界）
钱　锋（福利保障界）　　钱克明　钱学明　钱智民

倪晋仁　徐　涛　徐　彬　徐令义　徐乐江　徐延豪
徐启方　徐晓兰(女)　　徐晓鸿　栾　新(女)
高　津　高　峰　高小玫(女)　　高云龙　高永文
高秀梅(女)　　高鸿钧　郭乃硕　席南华　唐英年
唐承沛　陶　智(满族)　陶凯元(女)　　黄　卫
黄　武　黄　荣　黄　震　黄宇光　黄丽云(女,傣族)
黄国显　黄柳权　黄润秋　曹卫星　龚建明　龚俊龙
盛　斌　常　凯　崔世昌　符之冠　康耀红　梁振英
隋　军(女)　　葛会波　葛均波　葛建团　董耀鹏
蒋旭光　蒋作君　蒋建国　韩卫国　韩立平
程　红(女)　　程　凯　程　萍(女)
程永波(满族)　　傅振邦　焦　红(女)　　舒红兵
谢　红(女)　　谢　茹(女)　　谢晓亮　赖　明
赖明勇　解　冬(女)　　蔡　威　蔡名照　蔡秀军
蔡冠深　廖长江　演　觉　谭铁牛　谭锦球　樊　杰
黎昌晋　滕树静(女,土家族)　　潘立刚
燕　瑛(女)　　霍卫平　霍金花(女)　　穆　虹
魏　钢

二、主席团会议主持人

王沪宁

三、秘书长

石泰峰

中国人民政治协商会议
第十四届全国委员会第一次会议
主席团常务主席名单

（13 名）

（2023 年 3 月 3 日政协第十四届全国委员会
第一次会议主席团第一次会议通过）

王沪宁　石泰峰　胡春华　沈跃跃（女）　王　勇
周　强　帕巴拉·格列朗杰（藏族）　何厚铧
梁振英　巴特尔（蒙古族）　苏　辉（女）　邵　鸿
高云龙

中国人民政治协商会议
第十四届全国委员会第一次会议
提案审查委员会名单

（2023年3月3日政协第十四届全国委员会
第一次会议预备会议通过）

主　任

刘家义

副主任（9名，按姓氏笔画排序）

李世杰　张军扩　赵爱明（女）　高鸿钧　黄　国
盛茂林　崔　波　崔少鹏　韩卫国

委　员（67名，按姓氏笔画排序）

丁佐宏　于建华　于春水　马正武　马崇贤
王　宜（女，满族）　王昌林　王祥明　方　向
白　涛　边巴拉姆（女，藏族）　朱松纯　刘忠范
刘振东　江　毅　许　进　孙　达　李　岩（满族）
李　岩　李　健（侗族）　李　萌　李海潮

杨临萍(女)　　连玉明　余兴安　邹　震　汪　阳

宋海良　张　旭(科协界)　　　张　旭(文艺界)

张合成　张兴凯　张来斌　张政文　张福麟　陈　因

陈　彦　陈子云(女)　　陈百灵(女,满族)

陈明金　岳　伟　周庆富　周进强　郑　平　赵　宏

赵英民　赵晓萍(女)　　荣　洋　胡剑江　钟章队

敖虎山(蒙古族)　　　贾　楠(女)　　夏德仁

徐　坤　徐安龙　翁铁慧(女)　　郭媛媛(女)

唐承沛　桑福华　黄国显　黄信阳　龚六堂

韩鲁佳(女)　　蒙　曼(女,满族)

黎晓英(女)　　戴小明(苗族)　戴均良

中国人民政治协商会议
第十四届全国委员会
第一次会议副秘书长名单

（16 人）

（2023 年 3 月 3 日政协第十四届全国委员会
第一次会议主席团第一次会议通过）

邹加怡（女）　张晓明　蒋作君　朱永新　刘家强
李惠东（回族）　张道宏　李世杰　赖　明　杨　健
黄　荣　韩建华（撒拉族）　张茂于　姜信治
陈小江　郭卫民

附 录 二

中国人民政治协商会议
第十四届全国委员会常务委员会
关于设置专门委员会的决定

（2023年3月13日政协第十四届全国委员会
常务委员会第一次会议通过）

根据《中国人民政治协商会议章程》第四十九条“中国人民政治协商会议全国委员会根据工作需要，设立若干专门委员会及其他工作机构”的规定，中国人民政治协商会议第十四届全国委员会设置以下十个专门委员会：提案委员会、经济委员会、农业和农村委员会、人口资源环境委员会、教科卫体委员会、社会和法制委员会、民族和宗教委员会、港澳台侨委员会、外事委员会、文化文史和学习委员会。

中国人民政治协商会议
第十四届全国委员会各专门委员会
主任、副主任名单

（129 名）

（2023 年 3 月 13 日政协第十四届全国委员会常务委员会第一次会议通过）

提案委员会（10 名）

主　任：刘家义

副主任（9 名，按姓氏笔画排序）：

李世杰　张军扩　赵爱明（女）　高鸿钧　黄　国

盛茂林　崔　波　崔少鹏　韩卫国

经济委员会（17 名）

主　任：王国生

副主任（16 名，按姓氏笔画排序）：

马建堂　方光华　尹艳林　付志方　冯正霖　宁吉喆

毕井泉　余蔚平　苗　圩　林毅夫　易　纲　赵争平
高　津　容永祺　黄志祥　戴东昌

农业和农村委员会(12名)

主　任:王建军(中共界)
副主任(11名,按姓氏笔画排序):
王冬胜　王晓东　龙庄伟(苗族)　叶冬松　刘　雷
齐扎拉(藏族)　张桃林　胡盛寿　黄玉治
梁　晔(驻会)　蒋旭光

人口资源环境委员会(15名)

主　任:车　俊
副主任(14名,按姓氏笔画排序):
乙晓光　王金南　王建军(医卫界)
李微微(女)　张纪南　陆桂华　欧青平(驻会)
易　军　胡泽君(女)　钱智民　龚建明　蔡加讚
翟　青　潘立刚

教科卫体委员会(15名)

主　任:陈宝生
副主任(14名,按姓氏笔画排序):
王志刚　邓清河　刘　伟(中共界)　杨小伟

张　杰　尚　勇　郑　和　柯尊平　钱克明　徐延豪
黄　卫　曹卫星　曹雪涛　蔡名照

社会和法制委员会(13名)

主　任:徐令义

副主任(12名,按姓氏笔画排序):

王少峰　王尔乘　刘晓梅(女,蒙古族)　江广平
阮成发　李民斌　杨万明　吴社洲　陈国庆　姚增科
钱　锋(福利保障界)　徐立全

民族和宗教委员会(14名)

主　任:张裔炯

副主任(13名,按姓氏笔画排序):

边巴扎西(藏族)　多杰热旦(藏族)
李　山(宗教界)　李　江(女)　李光富
杨发明(回族)　苟仲文　林　铎　赵宗岐　徐晓鸿
隋　青(女,蒙古族,驻会)　蒋建国　演　觉

港澳台侨委员会(11名)

主　任:刘赐贵

副主任(10名,按姓氏笔画排序):

王　伟(经济界,驻会)　王　荣　仇　鸿(女)

邓中华　卢国懿　许又声　吴国华(女)　　陈元丰
崔玉英(女,藏族)　　屠海鸣

外事委员会(10名)

主　任:何　平

副主任(9名,按姓氏笔画排序):

王　宁(中共界)　　王　民(驻会)　王炳南
刘结一　李佳鸣(女)　张伯军　陈四清　林松添
隋　军(女)

文化文史和学习委员会(12名)

主　任:吴英杰

副主任(11名,按姓氏笔画排序):

朱生岭　李宝善　吴志良　陈润儿　欧阳坚(白族)
胡纪源(驻会)　姚爱兴　聂辰席　黄建盛　阎晶明
傅兴国

中国人民政治协商会议
第十四届全国委员会
各专门委员会委员名单

（627 名）

（2023 年 3 月 12 日政协第十四届全国委员会
第一次主席会议通过）

提案委员会（67 名）

委　员（按姓氏笔画排序）：

丁佐宏　于建华　于春水　马正武　马崇贤
王　宜（女，满族）　王昌林　王祥明　方　向
白　涛　边巴拉姆（女，藏族）　朱松纯　刘忠范
刘振东　江　毅　许　进　孙　达　李　岩（满族）
李　岩　李　健（侗族）　李海潮　杨临萍（女）
连玉明　吴希明　余兴安　邹　震　汪　阳　宋海良
张　旭（科协界）　张　旭（文艺界）
张合成　张兴凯　张来斌　张政文　张福麟　陈　因
陈　彦　陈子云（女）　陈百灵（女，满族）
陈明金　岳　伟　周庆富　周进强　郑　平　赵　宏

赵英民　赵晓萍(女)　　荣　洋　胡剑江　钟章队
敖虎山(蒙古族)　　　　贾　楠(女)　　徐　坤
徐安龙　翁铁慧(女)　　郭媛媛(女)　　唐承沛
桑福华　黄国显　黄信阳　龚六堂　韩鲁佳(女)
蒙　曼(女,满族)　　　　谭　炯　黎晓英(女)
戴小明(苗族)　　戴均良

经济委员会(74 名)

委　员(按姓氏笔画排序):
丁焰章　马永生　王　伟(特邀界)　　　　王　江
王　煜　王先进　王彤宙　王思东　毛定之
石　磊(经济界)　　　　卢　进　叶　青　叶阳升
史贵禄　付刚峰　白重恩　冯艺东　戎贵卿　曲永义
向文波　刘云峰　刘丽坚(女)　　刘启芳(女)
刘尚希　刘爱力　江尔雄(女)　　江浩然
安　庭(蒙古族)　　　　孙　煜　苏清栋
李　兰(女)　　李　瑶(女)　　李书福　李民吉
杨　杰　杨成长　肖厚发　余　斌　汪建平　张少明
张利平　张懿范　张懿宸　陈星莺(女)　　陈锡明
荀护生　范树奎　金　李　周鸿祎　屈庆超　赵　凡
赵　欢　赵泽良　郝书辰　胡德兆　南存辉　施乾平
姜万荣　祝树民　聂　磊　夏德仁　柴　强
徐晓兰(女)　　黄苏云(黎族)　　黄群慧　曹志安

商文江　阎　峰　彭　纯　蒋志鹏　喻顶成　曾　毅
樊友山　燕　瑛（女）

农业和农村委员会（65名）

委　员（按姓氏笔画排序）：

万建民　马有祥　王　静（女）　王传喜
王红玲（女）　孔宏智　邓蓉玲（女）
卢　敏（女）　卢建军　田　静（女）　田学斌
司马红（女）　吕爱辉（女）　朱水芳　仲志余
刘亚永　刘俊来　刘焕鑫　孙　阳　孙东生　杜志雄
李　浩　李忠民　李宝聚　李家洋　杨宇栋　杨爱明
吴宏耀　吴杰庄　何一心　余　静（女）　闵庆文
宋　青（女）　陆建华　陈化兰（女）　林　海
林金星　周国平　周黎安　郑裕国　赵晓燕（女）
胡培松　柳　芳（女）　钟登华　种　康　侯水生
姜　明　钱文挥　徐雪红（女）　高　洁（女，妇联界）
郭　玮　唐俊杰（女）　黄三文　黄丽萍（女，黎族）
曹　鹏　曹晓风（女）　戚益军　常正国　麻振军
韩立平　程玉珍（女）　程永波（满族）
焦　红（女）　谢　茹（女）　褚　浚

人口资源环境委员会(64 名)

委　员(按姓氏笔画排序):

于学军　马建华　王江平　王树声　卢铁忠
朴世龙(朝鲜族)　刘　建　刘伟平　刘均刚
刘国跃　刘炳江　刘梅林(女)　刘清泉
刘筱敏(女)　关天罡(女,满族)　李　卫
李兴钢　李和跃　李金发　李根生　李原园　杨云彦
吴忠民　吴瑞君(女)　何广顺　谷树忠　邹　磊
辛保安　汪东进　宋树立(女)　张　全　张广汉
张兴赢　张志扬　张利文(女)　张复明　陆　铭
武　强　范国强　岳中明　周　利　施小明　姜耀东
贺　丹(女,土家族)　敖　宏　倪晋仁　徐旭东
徐建军　翁祖亮　高吉喜　高庆波　黄　震
崔丽娟(女)　章建华　葛全胜　蒋和生　鲁修禄
温枢刚　谭旭光　黎俊东　潘碧灵(土家族)
戴和根　戴厚良　魏源送

教科卫体委员会(70 名)

委　员(按姓氏笔画排序):

丁　霞(女)　丁世忠(回族)　马怀德　马景林
王　辰　王　俊　王宁利　王定华　王贺胜

王笑频（女）　邓中翰　邓旭亮　龙　腾　申长雨
丛　兵　乔　杰（女）　刘　林　刘国梁　刘念光
刘俊彩（女）　齐向东　孙　尧　孙宝国　李　利
李　萌　李国勤　杨　扬（女）　杨杰孚　吴　浩
吴沛新　吴碧霞（女）　吴燕生　余艳红（女）
余晓晖　沈蓓莉（女）　张　勇（医卫界）
张冬辰　张志勇　张勉之　张洪春　武向平　罗永章
季加孚　侍　俊　周　军　郑　哲　孟　艳（女）
赵长禄　赵宇亮　柳　茹（女）　洪　伟　祝连庆
姚建红　倪邦文　徐凤芹（女）　奚　桓　唐旭东
堵远放　黄宇光　曹建国　蒋建东　程建平　曾一春
谢俊明　谢晓亮　谢敏豪　蓝逢辉　樊　杰　潘建伟
霍　勇

社会和法制委员会（61 名）

委　员（按姓氏笔画排序）：

马军胜　田培炎　白少康　皮剑龙　成　平（女）
毕彦超（女）　吕红兵　吕国泉　朱新力　刘　钊
刘石泉　刘德伟　汤　涛　孙　洁（女）　孙茂利
严建文（回族）　苏绍聪　李　丹　李文章　李汉宇
李庆忠　李连祥　李迎新（女，满族）　时和兴
吴　楠　邱庭彪　何　蓉（女）　佘德聪　沈　亮
张　峰　张　毅　张少康　张来明　张其成

张金英(女)　张建民　张春生　张雪樵　陈思源
罗益昌　金学锋　周　源　周汉民　赵昌华　胡建淼
胡静林　柯希平　贺小荣　聂　鑫　莫　荣(苗族)
徐　平　黄宝荣　曹　普　韩泳江　景亚萍(女)
程　凯　傅振邦　解　冬(女)　蔡振红　熊选国
魏青松

民族和宗教委员会(61 名)

委　员(按姓氏笔画排序):

丁时勇　马跃祥(回族)　韦朝晖(女,壮族)
韦震玲(女,毛南族)　甲热·洛桑丹增(藏族)
代俊峰(回族)　们发延(阿昌族)　吉宏忠
朱程清(女)　刘万龙　刘同德　刘建波(满族)
刘爱平(女)　杜明燕(女,鄂温克族)
李龙熙(朝鲜族)　杨　杰(回族)
杨　洋(女,彝族)　杨小波　杨永强
杨光跃(纳西族)　杨远艳(女,京族)
杨佑兴　杨冠军(回族)　吴　巍　吴世忠(苗族)
吴伟庆　汪鸿雁(女)　沈　斌　张　凤(女)
张风雷　张克运　张京泽　张冠梓　张高澄　张继焦
阿　来(藏族)　阿地里江·阿吉克力木(维吾尔族)
陈　霞(女)　陈宗荣　范小云(女)
帕松列龙庄勐(傣族)　郑　堆(藏族)　宗　性

孟至岭　孟宪明(回族)　赵　雯(女)
赵　聪(女)　胡雪峰(蒙古族)
钟　瑛(女,白族)　贺颖春(女,裕固族)
秦荣生　珠康·土登克珠(藏族)
班禅额尔德尼·确吉杰布(藏族)　郭金才
曹金山(蒙古族)　常　藏
鄂晓梅(女,达斡尔族)　鄂崇荣(土族)
释宽运(蒙古族)　潘毅琴(女,回族)
穆可发(回族)

港澳台侨委员会(51 名)

委　员(按姓氏笔画排序):

马志毅　王　坚　王明凡　王贵齐　文宏武　尹宗华
邓小清　龙明彪　叶建明　吕　涛(满族)　朱鼎健
朱碧新　刘以勤(女)　刘晓冰(女)　孙青野
孙和荣　杜　斌　李大壮　李文俊　杨晓红(女)
杨毅周　吴旭洋　张庆盈(女)　张国荣　陈　伟
陈天石　陈红天　陈季敏(女)　林　娜(女)
林　潞　林龙安　周春玲(女)　孟丽红(女)
施维雄　洪明基　姚永良　徐西鹏　郭　军　涂辉龙
黄若虹　黄柳权　盛　斌　舒　心　曾伟雄　曾智明
赛赤·确吉洛智嘉措(藏族)　翟美卿(女)
颜宝铃(女)　魏克良　魏英杰　魏明德(回族)

外事委员会(48名)

委　员(按姓氏笔画排序):

马述强　王　平　王众一　王茂虎(回族)　王黎光
户思社　权忠光(朝鲜族)　朱　妍(女)
任万平(女)　刘化龙　刘显法　杜占元　李凡荣
杨　丽(女)　杨长利　杨光斌　吴　恳　吴富林
冷　俊　宋曙光　张　军　张　博(女)
张　斌(对外友好界)　张义珊　张汉晖　张宇燕
张晓仑　张朝晖　陈　旭　林丽颖(女)　罗照辉
周渝波　郑泽光　赵　梅(女)　郝　戎　胡　伟
姚树坤　袁　鹏　袁炳忠　顾　青　顾学明　徐宇宁
陶　坚　蒋　颖(女)　韩保江　廖祥忠　魏　钢
魏海生

文化文史和学习委员会(66名)

委　员(按姓氏笔画排序):

马锋辉　王　宁(文艺界)　王　军　王一彪
尹晓东　田沁鑫(女)　冯　俐(女,回族)
冯鹏志　吕成龙　朱咏雷　刘　广　刘　宁(女)
刘万鸣　刘玉婉(女)　刘家强　许　宁
孙　红(女)　孙少文　李　胥　李　群　李六三

李心草　杨孟飞　吴士芳　吴为山　吴向东　吴洪亮
余新华　辛广伟(回族)　宋　秋(女)
迟小秋(女)　张　宏　张　坤　张　斌(文艺界)
张　勤(女)　张自成　张凯丽(女)　张建春
张颐武　陆国强　陈　军(女,高山族)　陈　理
陈扬勇　陈红彦(女)　陈星灿　林　洁(女)
金永伟　郑更生　赵宝刚　胡孝汉　禹　光　俞　峰
洪厚甜　袁慧琴(女)　都海江　夏春涛　黄志坚
崔志涛　董耀鹏　韩子勇　韩新安　傅若清　靳　东
廖昌永　颜晓东　霍建起

中国人民政治协商会议
第十四届全国委员会
副秘书长任命名单

（14 名）

（2023 年 3 月 13 日政协第十四届全国委员会
常务委员会第一次会议通过）

任　命：

邹加怡（女）、张晓明、李惠东（兼职）、韩建华、张茂于、陈旭（兼职，女）、吴为山（兼职）、孙东生（兼职）、何志敏（兼职）、王路（兼职）、张恩迪（兼职）、刘政奎（兼职）、江利平（兼职）、邱小平（兼职）同志为十四届全国政协副秘书长。

附 录 三

为实现新时代新征程的目标任务汇聚智慧和力量

——热烈祝贺全国政协十四届一次会议开幕

《人民日报》社论

春来潮涌，奋楫扬帆。3 月 4 日，全国政协十四届一次会议在京隆重开幕。来自 34 个界别的 2100 多名新一届全国政协委员迎着新时代的浩荡东风，肩负亿万人民的殷切期待，齐聚首都共商国是。我们对大会的召开表示热烈祝贺！

新时代十年极不寻常、极不平凡。以习近平同志为核心的党中央团结带领全党全国各族人民，稳经济、促发展，战贫困、建小康，控疫情、抗大灾，应变局、化危机，取得了举世瞩目的伟大成就，推动我国迈上全面建设社会主义现代化国家新征程，实现中华民族伟大复兴进入了不可逆转的历史进程。特别是过去五年，我们经受了世界变局加剧、新冠疫情冲击和国内经济下行等多重考验，历史性地解决了绝对贫困问题，如期全面建成小康社会，实现第一个百年奋斗目标,取得疫情防控重大决定性胜利,创造了人类文明史上人口大国成功走出疫情大流行的奇迹,以奋发有为的精神把新时代中国特色社会主义不断推向前进。党和国家事业取得的历史性成就、发生的历史性变革,是以习近平同志为核心的党中央坚强领导的结果,是全国各族人民艰苦奋斗的结果,也是包括各民主党派、工商联和无党派人士在内的统一战线广大成员共同努力的结果。

为国履职显担当,为民尽责践初心。五年来,人民政协坚持以习近平新时代中国特色社会主义思想为指导,深入贯彻中央政协工作会议精神,紧紧围绕中心、服务大局,务实有效深化专门协商机构建设,凝心聚力共襄民族复兴历史伟业,与时俱进推进人民政协实践创新、理论创新、制度创新,人民政协事业展现新气象新面貌,为党和国家事业发展作出新贡献。

党的二十大擘画了全面建设社会主义现代化国家、以中国式现代化全面推进中华民族伟大复兴的宏伟蓝图,明确了新时代新征程党和国家事业发展的目标任务,吹响了奋进新征程的时代号角。当前,世界之变、时代之变、历史之变正以前所未有的方式展开,我国发展进入战略机遇和风险挑战并存、不确定难预料因素增多的时期,必须准备经受风高浪急甚至惊涛骇浪的重大考验。越是形势复杂,越是任务艰巨,越要发挥中国共产党领导的政治优势和中国特色社会主义的制度优势,切实把思想和行动统一到党的二十大作出的重大决策部署上来,为实现新时代新征程的目标任务广泛汇聚智慧和力量。

力量生于团结,幸福源自奋斗。实现宏伟蓝图,需要全国上下团结奋斗。人民政协因团结而生、依团结而存、靠团结而兴,肩负着为实现中华民族伟大复兴凝心聚力的重要使命。面对新时代新征程的新任务新要求,人民政协发挥作为最广泛的爱国统一战线组织功能,坚持大团结大联合,动员全体中华儿女围绕实现中华民族伟大复兴中国梦一起来想、一起来干,最大限度把各阶层各方面的智慧和力量凝聚起来,最大限度把全社会全民族的积极性、主动性、创造性发挥出来,一定能够形成同心共圆中国梦的强大合力。

协商民主是实践全过程人民民主的重要形式,人民政协是社会主义协商民主的重要渠道和专门协商机构,人民政协制度具有多方面的独特优势。前进道路上,要坚持和完善中国共产党领导的多党合作和政治协商制度,坚持党的领导、统一战线、协商民主有机结合,坚持发扬民主和增进团结相互贯通、建言资政和凝聚共识双向发力,发挥人民政协作为专门协商机构作用,加强制度化、规范化、程序化等功能建设,提高深度协商互动、意见充分表达、广泛凝聚共识水平,更好把人民政协制度优势转化为国家治理效能。

今年是全面贯彻党的二十大精神的开局之年。开局关乎全局,起步决定后程。向着新目标、奋楫再出发,人民政协使命光荣、责任重大。期待新一届全国政协委员牢记"国之大者"、增强历史主动、认真履职尽责,努力为实现新征程的良好开局建真言、谋良策、出实招。让我们更加紧密地团结在以习近平同志为核心的党中央周围，坚持以习近平新时代中国特色社会主义思想为指导，深刻领悟“两个确立”的决定性意义，增强“四个意识”、坚定“四个自信”、做到“两个维护”，坚定信心、同心同德、埋头苦干，为全面建设社会主义现代化国家开好局起好步，为实现第二个百年奋斗目标奠定坚实基础。

预祝大会圆满成功！

（2023 年 3 月 4 日）

同心共圆中国梦

——热烈祝贺全国政协十四届一次会议开幕

《人民政协报》社论

今天,全国政协十四届一次会议隆重开幕。沐浴着新时代的阳光,承载着 14 亿多人民的期待,2000 多名新一届全国政协委员齐聚一堂,共商发展大计,共谋务实良策。我们向大会的召开表示热烈祝贺!

过去的五年,是极不寻常、极不平凡的五年。世界百年未有之大变局加速演进,世界进入新的动荡变革期。我们面临的形势之复杂、斗争之严峻、改革发展稳定任务之艰巨世所罕见,涉滩之险、爬坡之艰、闯关之难前所未有。以习近平同志为核心的中共中央统筹中华民族伟大复兴战略全局和世界百年未有之大变局,以伟大的历史主动精神、巨大的政治勇气、强烈的责任担当,审时度势、果敢抉择,锐意进取、攻坚克难,统揽伟大斗争、伟大工程、伟大事业、伟大梦想,团结带领全党全军全国各族人民有效应对严峻复杂的国际形势和接踵而至的巨大风险挑战,攻克了一个个看似不可攻克的难关险阻,创造了一个个令人刮目相看的人间奇迹,以奋发有为的精神把新时代中国特色社会主义不断推向前进。

过去的五年,我们隆重庆祝了新中国成立 70 周年,迎来中国共产党成立 100 周年,如期打赢脱贫攻坚战、全面建成小康社会,实现第一个百年奋斗目标,统筹疫情防控和经济社会发展,统筹发展和安全,开启向第二个百年奋斗目标进军新征程。党和国家各项事业在战胜挑战中发展,在风雨洗礼中成长,在历经考验中壮大。特别是党的二十大胜利召开,擘画了全面建设社会主义现代化国家、以中国式现代化全面推进中华民族伟大复兴的宏伟蓝图,吹响了奋进新征程的时代号角。

五年来,以习近平同志为核心的中共中央全面加强对人民政协工作的领导。首次召开中央政协工作会议,制定《中共中央关于新时代加强和改进人民政协工作的意见》,为人民政协事业发展提供根本政治保证。十三届全国政协及其常委会坚持以习近平新时代中国特色社会主义思想为指导,全面深入学习贯彻中共十九大和二十大精神,深入贯彻落实中央政协工作会议精神,围绕党和国家中心任务发挥专门协商机构作用,紧扣统筹推进"五位一体"总体布局、协调推进"四个全面"战略布局,积极投身实现"两个一百年"奋斗目标、实现中华民族伟大复兴中国梦的伟大实践,为党和国家事业发展凝心聚力,有效发挥了人民政协在国家治理体系中的优势作用,开拓了人民政协工作新局面。

五年来,人民政协坚持弘扬传统和勇于创新相结合,与时俱进推进人民政协实践创新、理论创新、制度创新,工作制度体系日益健全,委员队伍建设取得积极成效,以信息化赋能履职效果彰显。政协协商内涵不断丰富,创设专家协商会、制定民主监督计划、突出协商式监督特色、发挥自主调研灵活便利务实高效优势、拓宽社情民意信息反映渠道;推进书香政协建设、制定提案办理协商会工作规则、出台加强和改进政协理论研究工作意见、加强相关意识形态阵地建设和管理;谈心谈话、委员讲堂、重大专项工作委员宣讲团、专委会媒体见面会、重点关切问题情况通报会等机制化做法的水平不断提高。

人民政协履职的生动实践让我们深刻认识到,毫不动摇坚持中国共产党的全面领导是人民政协必须恪守的根本政治原则;准确把握人民政协性质定位是坚持正确政治方向的前提,也是更好发挥自身功能的基石;聚焦中心工作持续提高协商效能是新时代人民政协更好服务民族复兴伟业的应有之义,也是不断深化专门协商机构建设的长期之功;坚持团结和民主两大主题是人民政协性质的集中体现,也是人民政协的特点和优势所在;不断强化政协委员责任担当是展现新时代人民政协新样子的必然要求,也是确保政协工作提质增效的必然选择。这些宝贵经验来之不易,我们要倍加珍惜、长期坚持、不断发展。

时间,开启新的书写;中国,翻开新的华章。中共二十大擘画了以中国式现代化全面推进中华民族伟大复兴的宏伟蓝图,为党和国家事业发展进一步指明了前进方向。人民政协要全面贯彻习近平新时代中国特色社会主义思想和中共二十大精神，加大凝聚共识工作力度，以协商聚共识、以共识固团结，践行全过程人民民主要求，加强制度化、规范化、程序化等功能建设，提高深度协商互动、意见充分表达、广泛凝聚共识水平，完善人民政协民主监督和委员联系界别群众制度机制，加强理论研究和宣传阐释，推进专门协商机构建设向纵深发展，为全面建设社会主义现代化国家、实现中华民族伟大复兴作出更大贡献。

2023 年是全面贯彻党的二十大精神的开局之年，是实施“十四五”规划承前启后的关键一年，也是十四届全国政协履职的起步之年。实干争春早，奋进正当时。让我们更加紧密地团结在以习近平同志为核心的中共中央周围，全面贯彻习近平新时代中国特色社会主义思想，巩固和发展最广泛的爱国统一战线，齐众心、汇众力、聚众智，形成同心共圆中国梦的强大合力！

预祝大会圆满成功！

（2023 年 3 月 4 日）

凝聚同心共圆中国梦的强大合力

——热烈祝贺全国政协十四届一次会议胜利闭幕

《人民日报》社论

深入协商谋良策，广聚共识增合力。全国政协十四届一次会议不负重托、不辱使命，圆满完成各项议程，3 月 11 日在北京胜利闭幕。我们对大会的成功表示热烈祝贺！

这是一次民主、团结、求实、奋进的大会。会议期间，中共中央总书记、国家主席、中央军委主席习近平等党和国家领导同志出席大会开幕会和闭幕会，看望了参加会议的委员，深入界别小组听取意见，与委员共商国是、共谋发展。广大政协委员认真履职尽责、积极建言资政、广泛凝聚共识，充分发挥了社会主义协商民主的独特优势，充分彰显了中国特色社会主义民主政治的生机活力。

政协章程是参加人民政协的各党派团体和各族各界人士共同的行为准则，是各级政协设立组织、开展工作的基本依据。对政协章程进行适当修改，是更好坚持和完善中国共产党领导的多党合作和政治协商制度、加强人民政协制度建设和自身建设的一件大事。这次会议把党的十九大以来习近平新时代中国特色社会主义思想新发展写入章程，把党的二十大提出的重要思想、重要观点、重大战略、重大举措和党中央关于人民政协工作的重要决策部署体现到章程中。政协章程不断适应新形势、作出新规范，有利于人民政协更好发挥作用、推动人民政协事业发展。

人民政协作为统一战线的组织、多党合作和政治协商的机构、全过程人民民主的重要实现形式，是社会主义协商民主的重要渠道和专门协商机构。实践充分证明，把人民政协制度坚持好、把人民政协事业发展好，必须毫不动摇坚持中国共产党的全面领导，必须准确把握人民政协性质定位，必须聚焦中心工作持续提高协商效能，必须坚持团结和民主两大主题，必须不断强化政协委员责任担当。

党的二十大擘画了全面建设社会主义现代化国家、以中国式现代化全面推进中华民族伟大复兴的宏伟蓝图。实现宏伟蓝图，需要在党的旗帜下团结凝聚起万众一心、共克时艰的磅礴力量，动员全体中华儿女一起来想、一起来干，朝着既定的战略目标前进，不断夺取新的更大胜利。人民政协是国家治理体系的重要组成部分，要坚持以习近平新时代中国特色社会主义思想为指导，学习贯彻习近平总书记关于加强和改进人民政协工作的重要思想，持续深入贯彻中央政协工作会议精神，认真履行各项职能，践行全过程人民民主，促进中华儿女大团结，凝聚同心共圆中国梦的强大合力。

商以求同，协以成事。人民政协要坚持党的领导、统一战线、协商民主有机结合，坚持发扬民主和增进团结相互贯通、建言资政和凝聚共识双向发力，围绕服务党和国家工作大局协商议政，坚持巩固和发展最广泛的爱国统一战线，更好成为坚持和加强党对各项工作领导的重要阵地、用党的创新理论团结教育引导各族各界代表人士的重要平台、在共同思想政治基础上化解矛盾和凝聚共识的重要渠道。要发挥人民政协作为专门协商机构作用，加强制度化、规范化、程序化等功能建设，提高深度协商互动、意见充分表达、广泛凝聚共识水平，完善人民政协民主监督和委员联系界别群众制度机制，把人民政协制度优势转化为国家治理效能。

齐众心、汇众力、聚众智。全面建设社会主义现代化国家寄托着中华民族的夙愿和期盼，凝结着中国人民的奋斗和汗水。中国式现代化是中国共产党领导全国各族人民在长期探索和实践中历经千辛万苦、付出巨大代价取得的重大成果，是强国建设、民族复兴的唯一正确道路。在充满光荣和梦想的新征程上，人民政协使命光荣、责任重大。让我们更加紧密地团结在以习近平同志为核心的党中央周围，全面贯彻习近平新时代中国特色社会主义思想，深刻领悟“两个确立”的决定性意义，增强“四个意识”、坚定“四个自信”、做到“两个维护”，全面贯彻落实党的二十大精神，同心同德、埋头苦干、奋勇前进，为实现新征程的良好开局、夺取全面建设社会主义现代化国家新胜利、实现中华民族伟大复兴的中国梦，汇聚磅礴伟力、作出新的贡献。

（2023年3月12日）

凝心聚力开新局　团结奋斗铸辉煌

——热烈祝贺全国政协十四届一次会议胜利闭幕

《人民政协报》社论

民主激荡智慧,团结凝聚力量。

3 月 11 日,伴随着《义勇军进行曲》激昂雄壮的旋律,全国政协十四届一次会议圆满完成各项议程,在北京胜利闭幕。我们对大会的圆满成功表示热烈祝贺!

这是一次承前启后、继往开来的大会。大会全面贯彻中共二十大精神,以习近平新时代中国特色社会主义思想为指导,回顾总结了过去五年的工作和经验,明确了今后工作的努力方向,选举产生了新一届全国政协主席、副主席、秘书长和常务委员。

这是一次民主团结、凝心聚力的大会。中共中央总书记、国家主席、中央军委主席习近平等党和国家领导同志看望了参加会议的委员,并与委员共商国是。新一届全国政协委员认真履行职责,审议常委会工作报告、提案工作情况报告和政协章程修正案,列席十四届全国人大一次会议,听取并讨论了政府工作报告及两高报告,讨论国务院机构改革方案及其他有关报告等，围绕党和国家工作大局，发表真知灼见，展现了胸怀“国之大者”、心系“民之所向”的责任担当，体现了“中国式民主”的生机与活力，彰显了人民政协在全过程人民民主中的重要角色和作用。

会议期间，习近平总书记看望民建、工商联界委员并参加联组会时发表重要讲话，充分肯定民营经济是中国共产党长期执政、团结带领全国人民实现“两个一百年”奋斗目标和中华民族伟大复兴中国梦的重要力量，强调始终坚持“两个毫不动摇”“三个没有变”，始终把民营企业和民营企业家当作自己人的坚定立场，令人备受鼓舞、倍增信心。人民政协要认真学习领会，切实把讲话精神贯彻到政协各项工作之中。

政协章程是参加人民政协的各党派团体和各族各界人士共同的行为准则，是各级政协设立组织、开展工作的基本依据。大会通过的政协章程修正案坚持以习近平新时代中国特色社会主义思想为指导，集中体现了中共十九大以来习近平新时代中国特色社会主义思想新发展，体现了中共二十大提出的重要思想、重要观点、重大战略、重大举措和中共中央关于人民政协工作的重要决策部署，体现了2018年修改政协章程以来人民政协理论创新、实践创新、制度创新的成果。政协章程的修改，符合新时代中国特色社会主义发展要求，有利于更好坚持和完善中国共产党领导的多党合作和政治协商制度，有利于人民政协加强制度建设和自身建设，更好履行职能、更好发挥作用。

开局关乎全局，起步决定后程。今年是全面贯彻中共二十大精神开局之年，也是政协第十四届全国委员会履职的起步之年。人民政协要深入学习贯彻习近平新时代中国特色社会主义思想和中共二十大精神，深刻领悟“两个确立”的决定性意义，增强“四个意识”、坚定“四个自信”、做到“两个维护”，不断提高政治判断力、政治领悟力、政治执行力，始终在思想上政治上行动上同以习近平同志为核心的中共中央保持高度一致，不断夯实团结奋斗的共同思想政治基础。要深入学习贯彻习近平总书记关于加强和改进人民政协工作的重要思想，认真落实中共二十大关于发展全过程人民民主的部署要求，坚持党的领导、统一战线、协商民主有机结合，聚焦新时代新征程党和国家中心任务履职尽责，把人民政协制度坚持好，把人民政协事业发展好。广大政协委员要认真学习、自觉遵守政协章程，锤炼道德品行，积极担当作为，坚持求真务实，提高政治把握能力、调查研究能力、联系群众能力、合作共事能力，力戒形式主义、官僚主义，努力作出不负时代、不负人民的业绩。

新征程是充满光荣和梦想的远征，没有捷径，唯有实干。让我们更加紧密地团结在以习近平同志为核心的中共中央周围，全面贯彻习近平新时代中国特色社会主义思想，踔厉奋发、埋头苦干、勇毅前行，为以中国式现代化全面推进中华民族伟大复兴的中国梦而不懈奋斗。

（2023 年 3 月 12 日）

图书在版编目(CIP)数据

中国人民政治协商会议第十四届全国委员会第一次会议文件汇编/
中国人民政治协商会议全国委员会办公厅编．—北京：
人民出版社,2023.3
ISBN 978－7－01－025512－5

Ⅰ.①中…　Ⅱ.①中…　Ⅲ.①中国人民政治协商会议-文件-汇编
Ⅳ.①D627

中国国家版本馆 CIP 数据核字(2023)第 041776 号

中国人民政治协商会议

第十四届全国委员会

第一次会议文件汇编

ZHONGGUO RENMIN ZHENGZHI XIESHANG HUIYI
DI-SHISIJIE QUANGUO WEIYUANHUI
DI-YICI HUIYI WENJIAN HUIBIAN

中国人民政治协商会议全国委员会办公厅编

人民出版社 出版发行
(100706　北京市东城区隆福寺街 99 号)

北京汇林印务有限公司印刷　新华书店经销

2023 年 3 月第 1 版　2023 年 3 月北京第 1 次印刷
开本:880 毫米×1230 毫米 1/32　印张:5.75
字数:111 千字

ISBN 978－7－01－025512－5　定价:15.00 元

邮购地址 100706　北京市东城区隆福寺街 99 号
人民东方图书销售中心　电话 (010)65250042　65289539